나를 아끼고 나답게 살기

나를 아끼고
나답게 살기

황스쥔 지음 | 박정원 옮김

LOVE YOURSELF

HC books

나를 아끼고 나답게 살기

1판 1쇄 2022년 7월 25일

지은이   황스쥔
옮긴이   박정원
펴낸이   김채민
펴낸곳   힘찬북스

출판등록   제 410-2017-000143호
주소   서울특별시 마포구 망원로 94, 301호
전화   02-2272-2554
팩스   02-2272-2555
이메일   hcbooks17@naver.com

정가   16,800원
ISBN 979-11-90227-22-3 (03190)

나답게 사는 길로 가는 안내서

황진둔 _ 이야기 치료 강사, 심리상담가

　허크에게 이 책의 서문을 써달라는 부탁을 받은 후, 거의 한 달 동안 이 책과 그림자처럼 붙어 다니면서 시간이 날 때마다 꺼내 자세히 읽어 보았다. 책을 읽는 동안 나도 모르게 몇 번이나 책을 내려놓고 고개를 들어 이런 생각을 했다. '만약 젊었을 때 나도 이런 책을 읽었더라면…….'

　열여덟, 열아홉 살 즈음의 나는 언제나 먼 곳을 바라보며, 내 인생에 얼마나 큰 가능성이 있을지 궁금해했다. 또한 나 자신의 내면을 기웃거리면서 스스로와 더욱 긴밀하게 연결되고 싶어 했다. 그 당시 나에게는 '어떻게 해야 내면의 가장 진실한 나와 외부의 커다란 세계를 연결할 수 있을까?'라는 문제가 어렵게 느껴졌다. 다시 말해 현실 세계에서 나 자신의 길을 찾아내는 일을 고민했던 것이다. 그때 나는 자주 외로움과 막막함을 느꼈으며, 걸핏하면 나 자신을 의심하는 컴컴한 암흑 속에 빠지곤 했다. 만약 그때 이런 책을 읽었더라면 인생에 수많은 변화가 생겼을 것이라고 생각한다. 그래서 원고 한 모퉁이에

5

변화가 생겼을 것이라고 생각한다. 그래서 원고 한 모퉁이에 이렇게 적었다.

"정말 좋은 책이다. 이런 책이 있으면 많은 젊은이가 자기 자신을 찾아가는 길에서 외로움을 덜고 힘을 얻을 수 있을 것이다."

나는 이 책이 젊은이들의 인생과 발전해나가는 과정에 나답게 사는 법을 알려주는 안내서라고 생각했다.

그런데 이런 내 생각은 타이둥을 여행하면서 바뀌었다. 나를 초대한 사람은 60세 퇴직 교사로, 나와 수년간 알고 지낸 사람이었다. 그녀와 대화를 나누다가 이 책의 서문을 쓰고 있다는 이야기를 하게 되었다.

"이 책에는 젊은 사람들에게 해주고 싶은 말이 많이 쓰여 있어요. 아주 재미있어요."

그녀에게 원고를 빌려준 다음 날 아침, 밤새 원고를 읽은 그녀가 말했다.

"이 책은 젊은 사람들만을 위한 책이 아니에요. 나도 몇 번이고 마음속으로 깊은 감동을 받았어요."

나는 고개를 끄덕였다. 확실히 이 책은 젊은이만을 위한 책이 아니라 남녀노소를 불문하고 인생을 제대로 살고 싶어 하는 모든 사람에게 필요한 책이다.

과연 무엇이 '인생을 제대로 사는 것'일까? 작가의 말을 빌리면, 그것은 바로 진실하고 아름답게 사는 것이다. 진실이란 자기 자신과 연결되는 것, 바로 자신답게 사는 것이다. 한편 아름다움이란 진실한 자기 자신을 바탕으로 외부 세계와 유기적으로 상호 작용하며 자유롭고 멋지게 사는 것이다. 진실하고 아름다운 삶의 모습은 굉장히 매력적이다. 하지만 문제는 그 방법이다. 작가는 쉽게 이해할 수 있는 평이한 언어로 어렵고 깊이 있는 심리치료 이론을 일상생활에 적용할 수 있는 방법으로 하나씩 바꾸어 그 길을 알려 준다. 단순히 본인이 배운 이론을 알기 쉬운 언어로 번역하는 것에 그치지 않았다. 각각의 개

념과 방법은 전부 작가가 수십 년의 인생에서 하나하나 시도
해서 만들고 적용한 후, 그 효과와 재미를 느낀 것들로 엄선한
것이다. 마치 고대 신화 속 농업과 의약을 발명한 신농씨가 직
접 온갖 풀을 맛보았던 것처럼, 책의 모든 글은 작가의 진실한
경험에서 나온 것들이다. 따라서 이 책을 읽다 보면 단지 이론
과 방법을 접할 뿐만 아니라 그 안에 살아 숨 쉬는 깊이 있는
생명력을 느낄 수 있다. 이것이 바로 내가 이 책을 '착실한 삶
으로 써 내려간 책'이라고 부르는 이유다.

　나와 허크는 매우 가까운 친구 사이다. 우리는 자주 함께 워
크숍을 진행하기도 하고, 온종일 자연 속을 걸으며 대화를 나
누기도 한다. 요 몇 년간 교류하면서 그가 자주 하는 말에 큰
감동을 받았다.

　"최근 몇 년간 내가 가장 배우고 싶은 일은 다른 사람에게
더 많은 선의를 베푸는 거야. 그건 내가 원래부터 잘하는 일이
아니거든."

내가 볼 때 그는 사랑이 많은 사람으로, 진실하게 타인을 사랑하는 것은 그가 언제나 잘하는 일이다. 하지만 선의는 관계의 바탕이 별로 없는, 심지어 모르는 사람에게도 더 크게 마음을 열어 사랑을 전하는 것을 가리킨다. 이것이 바로 그가 인생의 현 단계에서 되고자 하는 모습이다.

최근 몇 년 동안 허크는 전보다 더 많은 선의를 보여주었다. 그는 종종 이렇게 말한다.

"우리는 이곳을 위해 무엇을 할 수 있을까?"

모두가 사회 환경과 분위기를 탓하는 이 시대에, 몸을 곧게 펴고 이 땅을 위해 무언가를 하고자 한다. 이곳이 좀 더 나아지기를 기대하면서.

이번에 나는 허크가 오랜 시간 쌓아온 전문성과 바람을 담아 글을 쓰는 모습을 지켜보았다. 이 책의 출판은 마치 그가 수많은 사람에게 커다란 선의를 나누는 장면 같다.

삶으로 삶을 치유하는 좋은 책

린치탕 _ 유명 심리상담가

그날, 다들 오랜만에 모여 유명한 샤오룽바오 가게에서 맛있는 음식을 즐기며 우정을 다지고 있었다. 나는 오리지널 맛부터 먹어야 한다는 주의 사항을 깜박한 채 평소 습관대로 수세미 샤오룽바오를 간장에 찍고 말았다. 아차 싶은 그 순간, 심리사 자격증을 가지고 있는 우리 일행은 음식의 오리지널 맛과 인간의 본래 모습을 연관시키더니 다시 또 인간은 마땅히 어떤 '본성'을 지녀야 하는지부터 시작해서 인간은 진실한 자신의 모습대로 살아야 한다는 이야기로까지 뻗어 나갔다.

그렇다면 허크의 '본래 모습'은 어떻게 묘사할 수 있을까?

그는 진실하며 정이 많고 자신이 일하는 곳에 최적화되어 있으며, 발어사중요한 말을 하기에 앞서 청중의 주의를 환기하기 위해 운을 떼는 말를 많이 사용하고, 치료 실력이 훌륭하다. 그의 '진실함'은 또 다른 사람의 '진실함'을 불러일으킨다. 많은 치료사가 타인은 잘 보살피지만 정작 자기 자신은 제대로 보살피지 못한다. 그러나 그는 보기 드문 천재형 치료사로서 개별적인 사례를 잘 다룰 뿐 아니라 자기 자신을 어떻게 돌봐야 하는지 모범을 보여준다. 심리치료 분야에서는 "우리는 우리가 가지고 있지 않은 것을 줄 수 없다."라는 말을 자주 한다. 허크의 인생 경험이 그 훌륭한 증거라고 할 수 있다.

허크에게는 내가 부러워하는 '자유자재'라는 특수한 능력이 있다. '주류 사회에서 잘 받아들여지지 않는 사항'을 인간 본성이라는 자연적인 각도에서 분석하여 사람들이 천편일률적인 깡통이 아닌, 꾸밈없이 자연스러운 모습으로 살아가도록 돕는다. 그는 사람들이 겪는 고통에 굉장히 민감하다. 상대방의 영혼과 공명하기 위해 노력하며, 고통을 분해한 후 재조직하고 변화시켜 새로운 단계로 나아갈 수 있게 한다. 또 마음을 꿰뚫는 정확한 언어와 섬세한 문자, 효과적인 은유隱喩, 내면을 울리는 노래를 능숙하게 사용하여 힘 있는 말투로 사람의 마음

을 파고들어 그의 뜨거운 진심과 사랑을 직접 느끼도록 만든
다. 이러한 사랑의 양분 아래서 사람들은 오랜 시간 막혀있던
감정이 뚫리고, 단절되었던 깊은 내면과 새롭게 관계를 맺으
며, 내부와 외부를 통합하는 내적 폭발을 일으켜 깊은 깨달음
의 눈물을 흘린다.

　이 책은 허크가 요 몇 년간 실제로 사람들을 치료하고 자신
답게 살아오며 깊이 성찰한 결과물이다. 책 속에는 그의 진실
한 삶의 모습이 기록되어 있다. 좌절도 있고, 어려움도 있으며,
모순도 있다. 이러한 그의 모습들이 어떻게 타인과 자신에 대
한 예민함과 직감으로 담금질 되었을까? 허크는 숨기는 것 없
이 모든 사실을 털어놓는다. 이 지혜의 어록은 일반적인 치료
교과에서는 찾아볼 수 없지만 매우 중요한 부분이다. 허크는
한 사람이 치료사로 성장하고 변화하는 과정에서 개인과 치료
사가 어떻게 공존하고, 어떻게 삶으로 삶에 영향을 미치는 치

유 능력을 발휘할 수 있는지에 대해 설명한다.

　허둥대지 않고 성장하고 싶은 사람은 이 책을 읽으면서 멋진 인생을 가꾸는 좋은 방법을 찾아낼 수 있다. 사회 복지 분야에서 건강하게 일하고 싶은 사람 역시 이 책을 통해 타인과 자신을 넘치게 사랑하는 허크의 비결을 몰래 배울 수 있다!

서문

젊고 서툰 마음에
모닥불을 지피라

아버지는 내가 지식인들의 존경을 받는 사람이 되기를 바라는 마음으로 내게 황스쥔이라는 이름을 지어 주셨다. 외국 유학 시절, 나는 나 자신에게 Huck허크라는 영어 이름을 지어 주었다. 허크는 《허클베리 핀의 모험》에 나오는 초원을 내달리는 주인공 남자아이의 이름이다. 나는 나 자신이 자유분방한 삶을 살기를 원했다. 나의 이 두 가지 모습은 모두 세월이 지나면서 천천히 형성되었다.

20대 때, 대학 친구들은 모두 나를 우울한 사람이라고 말했다. 30대 때, 상담을 전공하면서 내게 주어진 모든 기회를 살리며 있는 힘을 다해 앞으로 한 걸음 나아갔다. 마흔세 살이 되자 친구들은 모두 내가 정 많고, 뜨겁게 사랑하며, 마음이 넓은 사람이라고 말한다.

그런데 이렇게 정 많고 뜨겁게 사랑하는, 예민하고 감정이 풍부한 사람이 젊고 서툴렀던 시절에는 걸핏하면 무력감과 우울감에 휩싸여 삶의 거친 파도 앞에서 속수무책이었다는 사실을 아는 사람이 있을까?

어렴풋한 기억 속 나는 중학교 시절 장아이자와 뤄다여우의 노래를 즐겨 들었다. 젊은 시절의 수많은 알 수 없는 감정들은 가수의 목소리와 선율, 가사를 통해 전부 표출되었다. 고등학교 1학년 2학기 마지막 날, 나는 교실 칠판에 뤄다여우의 <미래의 주인공> 가사를 빽빽이 적어 넣었다.

"……이리저리 흩날려라! 그저 이렇게 이리저리 흩날려라……"

작용점도 없고, 받침점도 없고, 자아도 없었다. 그저 노랫소리만이 그 시절의 나와 함께해주었다. 그때의 나는 뤄다여우의 노래가 있어 그나마 다행이라고 생각했다. 그의 노래가 없었다면 나는 감당할 수 없을 만큼 허둥대며 갈피를 잡지 못했을 것이다. 이제 나는 이 책을 통해서 수년간 심리 상담을 하며 배운 자양분과 삶을 지탱해주는 훌륭한 방법(예를 들어 자신의 다양한 모습을 받아들이고 표현하며 그 모습들을 공존시키는 방법, 자신감이 뿌리내리고 꽃피게 만드는 문형 연습, 자기 자신을 위해 결정하고 행동력을 충만하게 해주는 비법, 내면의 가장 큰 보물창고인 잠재의식을 다루는 방법 등)을 하나도 남김없이 나누고자 한다. 기회가 된다면, 서툴지만 열심히 진정한 자신의 모습으로 성장하려는 아이들에게 "찬바람이 엄습할 때 나를 위해 모닥불을 피우는 사람이 있다는 사실을 기억하라."라는 말처럼 따뜻함을 줄 수 있었으면 좋겠다. 이 책은 나의 바람이자 스스로가 드디어 여기까지 와서 세상을 위해 뭔가를 해냈다는 사실에 대한 축하 인사다.

2008년부터 나는 꾸준히 '진로 계획 카드 시리즈'와 '꿈 탐색 카드'를 만들고 있다. 사회 복지 종사자들은 이런 카드 자료를 학습하려는 동기가 매우 높다. 그래서 나는 여러 지역에서 카드 자료를 연구하는 워크숍을 진행하며 각지의 고등학교 지도 선생님, 상담원, 사회복지사, 의료인, 자원봉사자를 만날 수 있었다. 나에게 카드 자료를 개발하는 일은 삶의 이야기를 들을 수 있게 해주는 통로다. 나는 그들의 이야기를 들은 후, 사람들에게 도움이 될 만한 철학과 깨달음을 모두 이 책에 담았다. 이 책에는 몇 가지 상담 사례가 나오는데, 당사자들은 내가 그들의 이야기를 쓰는 것에 동의했을 뿐 아니라 자신의 이야기가 책으로 나온다는 사실에 매우 기뻐했다.

차례

제 1 부
기본기 다지기

자신을 사랑하고
자아를 확립하라

당신은 자신의 일부를
잃지 않았는가?

심리학자 융은 "나는 선한 사람이 되기보다, 온전한 사람이 되고 싶다."라고 말했다.

일상생활 속에서 꾸준히 공존하는 내면의 대화 문형을 연습하다 보면,

온전함을 향해 한 걸음씩 나아갈 수 있다.

일상생활 속에서 우리는 당황스러운 일을 겪기도 하고, 외로움에 부딪히기도 한다. 이럴 때 우리는 종종 습관적으로 자신의 일부를 억압하는데, 그러다 보면 자신도 모르는 사이에 자기 내면의 진실한 일부를 잃어버리게 된다.

수십 년간 대학에서 교편을 잡고 상담 지도를 하면서 주위의 젊은이들이 부모님의 기대를 만족시키기 위해 공무원 시험을 준비하는 모습을 보아왔다. 그들은 공무원이 되겠다는 생각으로 전심전력을 다해 3년, 5년을 준비한다. 부모님을 기쁘게 해 드리고 안심시켜 드리기 위해서 말이다. 하지만 이렇게 해서 안정적인 삶을 손에 넣고 부모님의 기대를 만족시키고 나면, 왠지 모르게 마음 한구석이 허전해진다. 그 젊은이들은

원래 마음속으로 생각하던 것이 있었다. '동아리 활동을 해보니 나는 행사 기획을 좋아하는 것 같아', '향기 요법의 효능에 대해 계속 연구하고 싶어' 하지만 이렇게 '원래' 하던 다양한 생각들은 연이은 '어쩔 수 없는 상황' 때문에 구석으로 밀려난다. 그리고 시간이 흐르면서 사라져버린다. 자신의 일부를 잃어버렸기 때문에 마음속에 어느새 '외면당한 자신'이 남겨지는 것이다.

20세 전후의 학생들은 친한 친구와 멀어지거나 친구들에게 따돌림을 당하는 일로 자주 내게 도움을 요청한다. 친구와 멀어지고 따돌림을 당할 때 대부분의 사람들은 서둘러 친구의 기분을 맞추면서 관계를 회복하려고 노력한다. 하지만 그러다 보면 마음속에 실제로 존재하는 분노("너희들 갑자기 나한테 왜 이러는 거야?")나 죄책감("내가 뭔가 잘못했나?"), 슬픔("내가 이렇게 노력하는데……") 등의 감정을 억누르게 된다. 이렇게 실제로 존재하는 내적 부분은 일단 억압되면 한구석으로 밀려나 시간이 흐르면서 잊힌다. 그러고 나서 필연적으로 인생의 또 다른 순간에 뜬금없이 튀어나와 우리를 당혹스럽게 만든다.

그러면 어떻게 해야 할까?

이룰 수 없는 꿈이라면, 생각해봐야 무슨 소용이 있을까?

따돌림을 당하면서도 화낼 수 없는 상황에서 자신의 화를 건드리는 건 득보다 실이 많지 않을까?

그렇다. 확실히 자기 자신만을 생각할 수도 없고, 감정에만 빠져있을 수도 없다. 이럴 때 우리는 마음속의 진실한 부분을 밀어내는 대신 자신을 더욱 사랑할 수 있는 새로운 방법을 배우고 그러한 부분과 '공존'하는 법을 연습해야 한다. 공존은 나의 선배인 스티븐 길리건 박사Dr. Stephen Gilligan의 핵심 개념 중 하나다. 수십 년간 전문적으로 사람들을 돕는 일을 하면서 나는 한 가지 사실을 발견했다. 바로 서로 충돌하는 것처럼 보이는 내적 부분을 동시에 존재(공존)하게 만들어야 자신과 타인을 제대로 보살필 수 있다는 것이다.

두 개의 다른 자신을 공존시키기

최근 몇 년 동안 나는 여러 지역에서 심리 상담 전문 훈련 워크숍을 진행하고 있다. 천성적으로 수줍고 낯가림이 심한 나는 이런 공개적인 강연 자리에 서면, 매년 같은 주제로 3, 40번을 강연하는데도 생면부지의 낯선 청중들을 마주할 때마다 긴장하게 된다. 만약 내가 긴장하는 나의 일부를 억지로 억압하고

24

침착한 모습을 가장한다면, 나는 나 자신과 분열되고 만다. 다시 말해 또 다른 '외면당한 자신'을 만들게 되는 것이다. 그래서 나는 강연을 시작할 때 이렇게 이야기한다.

"여러분, 안녕하세요. 제 이름은 허크입니다. 이 자리에는 제가 처음 뵙는 분들이 많이 계시네요. 저는 부끄럼을 잘 타고 쉽게 긴장하는 사람입니다. 벌써 600번이나 워크숍을 진행했는데도 새로운 눈과 마주칠 때마다 긴장을 하게 되네요. 하지만 제 경험상, 여러분이 저를 따뜻한 눈길로 바라봐 주신다면 10분 후에 저는 점점 편안해져서 제 강연도 점점 더 재미있어질 겁니다."
(이때 청중들은 대부분 웃음을 터뜨린다. 강연자의 진실한 내면의 소리를 들었기 때문이다. 사람들은 진실함을 마주할 때 종종 회심의 미소를 짓는다.)

이런 식의 인사말은 실제 생활 속에서 '공존'을 훈련하는 일이라고 할 수 있다. 내 마음속에는 두 개의 극단적인 목소리가 존재한다. 하나는 낯선 장소에서 오는 긴장감이고, 다른 하나는 전문적으로 연마한 자신감이다. 내가 나의 낯가림과 긴장감을 인정하면 이 두 개의 모습은 사이좋게 공존하게 된다. 누가 누구를 억압하는 일도 없고, 한쪽이 외면당하는 일도 없다. 이 과정에서 이뤄지는 마음속 내면의 대화는 다음과 같다.

"맞아, 나 긴장했어."

"맞아, 하지만 나는 워크숍을 제대로 진행하는 방법을 알고 있어. 나는 전문 트레이너야."

"맞아, 이 두 가지 모습 다 나야. 나는 긴장하기도 하고, 워크숍을 제대로 진행하기도 하지. 이 두 가지 모습 다 나야."

"맞아, 이 두 가지 모습 다 나야. 그리고 나에게는 이보다 훨씬 더 다양한 모습들이 있어."

위와 같은 내면의 대화 문형을 한번 분석해 보자.

첫 번째 '맞아' : "맞아, 나 긴장했어." 이렇게 말하는 순간, 기존에 이리저리 떠다니며 받아들여지지 않던 긴장감이 정착하게 된다. 떠다니던 감정은 일단 정착하는 순간 더 이상 우리를 방해하지 않는다.

두 번째 '맞아' : "맞아, 하지만 나는 워크숍을 제대로 진행하는 방법을 알고 있어. 나는 전문 트레이너야." 이 말을 하는 순간, 안정적인 자신감이 생겨난다. 우리가 자신의 긴장감을 인정하지 않고 침착함을 가장할 때 긴장감은 외부로 배제되어 짙은 안개처럼 우리 주변을 떠돌면서 자신감과 에너지가 정착하지 못하게 만든다.

세 번째 '맞아' : "맞아, 이 두 가지 모습 다 나야. 나는 긴장하기도 하고, 워크숍을 제대로 진행하기도 하지. 이 두 가지 모습 다 나야." 이것은 핵심적인 내적 통합 문형으로, 기존에 양극단으로 분리되었던 모습을 함께 공존하게 만든다. 마치 손을 잡거나 공원 벤치에 조용히 함께 앉아 있는 것처럼 더 이상 분열되거나 갈라지지 않는다. 외면당한 부분이 없기 때문에 내면은 애써 한쪽을 억압하거나 통제할 필요가 없다. 따라서 더 많은 긍정 에너지로 우리가 도전과 마주할 수 있게 해 준다.

네 번째 '맞아' : "맞아, 이 두 가지 모습 다 나야. 그리고 나에게는 이보다 훨씬 더 다양한 모습들이 있어." 이 말은 인생의 전체 모습을 바라볼 수 있도록 해 준다. 인생은 어려움도 아니고, 괴로움도 아니다. 인생에는 더 많은 아름다움과 자원이 필요한 순간에 우리를 돕기 위해 기다리고 있다. 나에게 이 두 개보다 훨씬 더 많은 모습이 있다는 사실을 알고 나면, 본디 마음속에 존재하지만 사용되지 않았던 능력과 에너지가 불쑥 튀어나와 도움의 손을 내민다.

온전함을 향해 걸어가라

우리는 아이에게 "긴장하지 마", "무서워하지 마", "걱정하지 마", "좌절하지 말고 계속 노력해"라고 말할 때 자신도 모르는 사이에 아이가 자신의 일부를 억압하고, 아이의 진실한 감정과 생각(예를 들면 긴장과 근심, 불안과 의심, 좌절과 실망)이 아이의 마음속에서 '외면당한 자신'이 되는 일에 가담하게 된다.

그렇다면 상대방을 위로하기 위해 습관적으로 사용하는 "긴장하지 마", "걱정하지 마"라는 말 대신 무슨 말을 해야 할까? 앞으로 돌아가서 시작할 때 들었던 두 가지 사례를 한번 생각해 보자.

공무원 시험 때문에 자신의 꿈을 외면한 사람은 자신에게 이렇게 이야기할 수 있다.

"맞아, 나는 부모님을 위해 열심히 공무원 시험을 준비할 거야. 맞아, 하지만 나는 내 꿈을 잊지 않았어. 공무원 시험에 합격하면 낮에는 공무원 일을 하고, 퇴근 후에는 계속해서 향기 요법을 연구할 수 있을 거야. 맞아, 이 두 가지 모습 다 나야. 그리고 나에게는 이보다 훨씬 더 다양한 모습들이 있어."

친구들에게 따돌림을 당해 괴로워하는 사람은 이런 내면의 대화를 해볼 수 있다.

"맞아, 나는 얼른 친구의 기분을 맞춰서 화해하고 싶어. 맞아, 하지만 나 역시 슬프고 화가 나. 맞아, 친구의 기분을 맞춰서 화해하고 싶은 것도 나고, 슬프고 화가 나는 것도 나야. 이 두 가지 모습 다 나야. 그리고 나에게는 이보다 훨씬 더 다양한 모습들이 있어."

비록 외부의 도전은 여전히 존재하고, 발버둥 치는 일은 여전히 힘들지라도, 우리의 마음은 분열되지 않고 온전히 지속될 수 있다. 심리학자 융은 "나는 선한 사람이 되기보다, 온전한 사람이 되고 싶다."라고 말했다. 일상생활 속에서 꾸준히 공존하는 내면의 대화 문형을 연습하다 보면, 온전함을 향해 한 걸음씩 나아갈 수 있다.

나답게 살 것인가,
깡통으로 살 것인가?

아름다움은 종종 모험에서 시작된다. 당신과 나 모두 그 모험의 과정을

잘 알고 있다. 사회가 당신을 책임져주지 않기에 그 과정은 외롭고, 좌절도 많다.

따라서 신택은 당신이 인생에서 무엇을 이루고자 하는지에 달려있다

나는 친구들에게 자주 이런 질문을 듣는다.

"나답게 사는 건 너무 이기적인 게 아닐까?"

"다른 사람의 의견을 들어야 할까, 아니면 내 마음의 목소리를 들어야 할까?"

"내 마음대로만 하는 건 너무 이기적이지 않아?"

'나답게 사는 것'은 '남이 하라는 대로 사는 것'과 대립한다. 남이 내게 하라는 것은 사회의 기대에 부응하여 마땅히 해야 하는 일이다. 이런 행위를 나는 조금 과장해서 '깡통으로 사는 것'이라고 부른다. 왜냐하면 깡통은 공장의 생산라인에서 대량으로 제조되는 상품으로, 각각의 깡통은 거의 동일하며 전부 안전하게 사회에 필요한 물건으로 만들어지기 때문이다.

30

사실 누군가 "나답게 사는 건 너무 이기적인 게 아닐까?"라고 질문할 때 그 사람의 마음속에서는 일반적으로 두 개의 목소리가 서로 충돌하고 있다. 하나는 나답게 사는 것이고, 다른 하나는 사회와 부모님, 동료의 기대에 부응하는 것(그러니까 얌전히 깡통으로 사는 것)이다. 이 두 개의 목소리가 서로 싸우고 있기 때문에 "나답게 사는 건 너무 이기적인 게 아닐까?"라는 고민이 생기는 것이다. 따라서 이럴 때는 우선 "나답게 살 것인가, 깡통으로 살 것인가?"라는 진퇴양난식 질문에서 벗어나야 한다.

어떻게 벗어날 수 있을까? 나는 종종 이런 진퇴양난식 질문을 비례식 질문으로 바꾸어서 생각해 본다.

"나는 얼마큼 나답게 살고, 얼마큼 깡통으로 살 것인가?"

빈 깡통으로 사는 것은 사회의 기대에 부합하는 것으로, 사회를 안정시키는 에너지가 된다. 나답게 사는 것은 내면에 흐르는 에너지를 따라 아름다운 삶을 사는 것으로, 세상에 다양한 색채를 더해준다. 따라서 깡통으로 사는 것도 좋고, 나답게 사는 것도 좋다. 이러한 개념은 가족치료사 버지니아 사티어Virginia Satir가 말했던 "나도 옳고, 당신도 옳다I'm OK, You're OK."와 일맥상통하는 부분이 있다.

나의 일부는 얌전한 깡통으로 산다

    고등학교를 졸업한 후, 나는 사회의 기대에 부응하기 위해 전기기계학과에 진학하며 작은 깡통이 되었다. 그 당시 전기기계학과는 매우 인기가 많았기 때문에 주변 사람들은 내가 전기기계학과에 합격했다는 사실을 알고 모두 축하해 주었다. 하지만 나는 전기기계학과에 어울리기에는 너무 유연하고, 민감하고, 감정이 풍부했다(왠지 모르지만 나는 이렇게 자랐다!). 그래서 대학교 3학년 때 처음으로 깡통으로 살지 않겠다는 소망을 품고 나 자신의 길을 걷기 위한 마음의 준비를 하기 시작했다.

    그때는 내 마음의 소리가 너무나도 컸기 때문에 수많은 사람의 반대에 신경 쓸 여력이 없었다. 나는 마음의 소리를 듣고 나답게 사는 법을 배워야 했다. 나중에 미국 메릴랜드대학교에서 진로상담을 공부하고 타이완에 돌아왔을 때, 학교 상담센터에서 일하기로 마음먹었다. 대학에서 상담원으로 일하는 것은 모든 사람의 기대에 부합하는 일이었다. 하지만 나는 정규직 행정 상담원으로 일하는 대신 여러 학교를 오가는 프리랜서 상담원이 되었다. 이렇게 하면 상담 치료 실전 경험을 충분히 쌓고, 나 자신의 상담지도 실력도 갈고닦을 수 있었기 때문이다. 이것이 바로 내가 되고 싶은 나였다.

박사 학위를 취득한 후, 이번에는 얌전히 조교수가 되었다. 이것은 사회의 기대에 맞게 깡통이 되는 일이었다. 한편(집중! 핵심은 바로 이 '한편'에 있다) 다른 상담 박사들처럼 상담학과나 사회복지학과에서 조교수로 일하는 것을 선택하지는 않았다. 나는 나답게 살면서 즐겁고 건강할 수 있는 레저보건학과를 선택했다. 그러니까 나의 일부는 나답게 살고, 일부는 기꺼이 교편을 잡고 깡통이 된 것이다.

왜 깡통이 되었을까? 깡통은 꼭 필요한 존재로서, 이 사회는 깡통이 살기 위해 설계되었다. 따라서 깡통이 되면 사회적 기대의 압박에 저항해야 하는 에너지를 절약할 수 있다. 나는 이렇게 절약한 에너지를 '나답게 사는 것'에 사용할 수 있었다. 충분한 공간과 힘을 확보하고 조용하고 착실하게 글을 써서 작가가 되고 싶다는 꿈을 이룬 것이다.

여기까지 글을 쓰고 보니 2001년에 내가 대학 전임 강사 자리를 그만두려고 했을 때 많은 사람이 내게 했던 말이 떠오른다.

"그렇게 충동적으로 결정하지 말고 좀 더 깊이 생각해 봐."

"경기가 얼마나 안 좋은데. 학교에 남는 게 그래도 안정적이지!"

재미있는 사실은 나는 자라면서 어른들이 경기가 좋다고 말하는 걸 단 한 번도 들어본 적이 없다는 것이다.

사실 중요한 것은 경기가 좋고 나쁨이 아니다. 사회적 기대에 부응하며 사는 대다수 사람들은 '안정과 안전'을 최우선으로 여긴다. 따라서 모험은 권장되지 않으며, 자신의 꿈을 좇는 것 역시 경고의 대상이 된다. 그 이유는 사회의 기대에 맞춰 사는 사람들도 마음속에는 꿈틀대는 꿈이 있기 때문이다. 만약 그들이 내 모험을 격려한다면, 그들은 꿈을 실현할 용기가 없는 자기 자신을 어떻게 마주해야 할까? 따라서 그들의 경고는 사실상 그들 자신에게 하는 말이며, 꿈틀대는 자신을 막기 위한 것이다. 한편 나에게는 나만의 목소리가 있으며, 나만의 선택을 할 수 있다.

결국 안정적인 전임 강사 자리를 그만두고 모험의 길을 떠나기로 했다. 십수 년이 지난 후, 운 좋게도 상담 전공을 살려 은유 치료와 잠재의식 치료 전문 훈련 분야에서 입지를 다지게 되었다. 그리고 우연한 기회에 실용적이고 재미있는 진로 계획 카드 시리즈를 개발했다.

아름다움은 종종 모험에서 시작된다. 당신과 나 모두 그 모험의 험난함을 잘 알고 있다. 사회가 당신을 책임져주지 않기에 그 과정은 외롭고, 좌절도 많다. 따라서 선택은 당신이 인생에서 무엇을 이루고자 하는지에 달려있다.

나는 모험을 좋아한다. 이게 바로 나다.

마음의 목소리가 클 때는 나답게 사는 것이 아름답다. 마음의 목소리가 보통일 때는 일부는 깡통으로, 일부는 나답게 사는 것이 좋다. 그리고 마음의 목소리가 사회적 기대와 일치할 때는 깡통으로 사는 홀가분함을 즐겨라(정규직 월급은 실제로 가정의 훌륭한 경제적 기반이 된다)!

인생에 아쉬움을 남기지 말고, 온전하게 살라

앞으로 돌아가서 "나답게 사는 건 너무 이기적인 게 아닐까?"라는 말을 다시 한 번 살펴보자. 나답게 산다는 것은 마음의 목소리를 듣고, 자신의 바람을 실현하며, 자신이 원하는 모습으로 성장하는 것을 의미한다. 이것은 이기적이고 아니고의 문제가 아니다. 자신답게 살고, 자신이 희망하는 모습으로 살기 위해 노력하는 것은 자기 인생에 책임을 지는 일이다. 자신답게 살아가는 길에서 우리는 때로는 외롭고, 때로는 자신의 선택에 책임을 져야 한다. 그러나 한편으로는 그 길을 시도해보았기 때문에 아쉬움이 적게 남아 더욱 온전한 인생을 살 수 있다.

깡통으로 사는 것은 훨씬 홀가분하다. 깡통의 세계에서는 수많은 번거로운 일들을 생략할 수 있고, 옆에 있는 깡통에게 많은 것을 설명할 필요도 없기 때문이다(모두가 다 같은 깡통이기 때문에 굳이 설명할 필요가 없는 것이다). 자신답게 사는 것은 조금도 지루한 일이 아니지만, 매우 번거로운 일이다. 주변 깡통들이 눈살을 찌푸리며 계속해서 "너는 대체 왜 이러니? 왜 남들과 똑같은 것에 만족하지 않니?"라는 질문을 해대기 때문이다. 그러나 재미있는 것은 설명이 필요한 일이야말로 소중하고 특별한 일이라는 사실이다.

여기까지 글을 쓰고 보니 타이난 제1고등학교에 다니던 열일곱 살 때 전기스탠드에 적었던 좌우명이 떠오른다.

"길은 굽어있다. 그러나 그 길은 아름다울 것이다."

평범하고 보잘것없어도
독특함과 아름다움을 추구하라

독특함과 아름다움은 발견하는 것이다. 차이를 발견하고 자신을 바라보며

가꾸다 보면 독특함이 드러나고 아름다움이 피어날 가능성이 생긴다.

보잘것없고 평범한 모습을 받아들이면 좀 더 홀가분하게 살 수 있다.

독특함을 지니고 아름다움을 피워내면 멋지게 살 수 있다!

아버지는 내가 어렸을 때부터 자주 이런 말씀을 하셨다.

"인생은 평범한 게 제일이다."

아버지는 수십 년 동안 아침 5시에 기상해서 해가 뜨기도 전에 하늘과 땅을 향해 허리를 깊이 숙여 절을 올리셨다.

하늘과 땅에 절하는 것은 하늘을 공경한다는 의미다. 그리고 하늘을 공경하는 이유는 자신이 보잘것없다는 사실을 잘 알기 때문이다. 나도 어려서부터 이런 식으로 자신의 삶을 대하는 태도를 지니게 되었다. 어머니는 성실함을 강조하면서 공부하라고 재촉하였으며 어려운 수학 문제에 계속 도전하게 하셨다. 아버지는 몸과 마음의 건강을 강조하면서 운동하라는

말씀을 자주 하셨다. 그리고 계단 입구에서 내가 큰소리로 노래하는 소리가 들리면 껄껄 웃으시며 아낌없이 칭찬해 주셨다. 부모님께 이 두 가지를 모두 배운 나는 스스로 중요하다고 여기는 일은 굉장히 집중해서 배우는 한편, 인생에서는 평온하게 평범함에 머무르는 것을 추구하게 되었다.

종종 타이중 시내에서 오토바이를 타고 단골 찻집에 가서 글을 쓴다. 타이중로를 지나 북쪽으로 가다가 우회전해서 젠청로 앞에 도착하면 항상 신호등을 기다려야 하는데, 오토바이에 앉아 신호를 기다리다 보면 나 자신이 굉장히 보잘것없게 느껴진다. 수많은 사람들이 빨간불 아래서 신호가 바뀌기만을 기다린다. 나를 아는 사람도 없고, 나를 좋아하거나 싫어하는 사람도 없다. 내가 보잘것없다는 사실이 매우 진실하게 다가오는 순간이다.

강연을 시작하기 전에 긴장하는 나는 평범하다. 주식을 잘못 사서 괴로워하는 나 역시 평범하다. 예쁜 여자를 보면 발걸음을 멈추는 나는 정말로 평범한 남자다! 최근 몇 년간 타이중 기차역 옆의 쇼핑센터에서 기념행사를 할 때마다 늘 쇼핑센터의 제휴 카드를 들고 가서 사은품을 받아왔다(한번은 어떻게 사용하는지도 모르는 컬실러를 받아오기도 했다). 한 무리의 아줌마들과 함께 줄을 서서 사은품을 받을 때 나는 나 자신이 매우 평범하다고 느낀다. 그것은 일종의 기분 좋은 평범함이다.

자신이 평범하다는 사실을 알면 인생이 평안하다. 왜냐하면 평범한 것이 사실이기 때문이다! 자신의 평범함을 받아들이면 현실적인 위치에 설 수 있다. 평범함을 받아들이고 현실적인 위치에 서고 나면, 독특함을 추구하고 아름다움을 창조하는 일을 시작할 수 있다.

초월하려 하지 말고, 차이를 이해하라

독특함을 추구하는 일은 차이와 다름을 이해하면서 시작된다. 차이와 다름을 이해하는 가장 간단한 방법은 주변의 친한 친구나 경쟁 상대를 관찰해보는 것이다. 10년 전, 신주에서 천부적으로 재능이 뛰어난 심리치료사 선배를 알게 되었다. 나중에 우리는 좋은 친구가 되었지만, 나는 오랫동안 그녀의 그림자 속에서 살아야 했다. 마치 집안에 재능이 뛰어난 누나가 있는데 평범한 내가 어떻게 해도 누나를 넘어서지 못하는 것만 같았다.

나 자신을 옭아맸던 것은 사실 '초월'이라는 두 글자였다. 그러나 독특함은 차이와 다름의 문제이지 초월의 문제가 아니다.

나보다 네댓 살이 많고, 천부적인 재능으로 충만한 이 선배는 부드럽고 가느다란 목소리를 지니고 있었다. 스물여덟 살 때 그녀가 마음을 꿰뚫는 듯한 사근사근한 목소리로 "봄은, 기다려야 하는 것이 아닙니다."라고 말했을 때 현장에서 완전히 이야기 속에 몰입한 나는 감동의 눈물을 쏟아냈다. 지금도 내가 그 강연을 뛰어넘을 수 없다는 사실을 잘 알고 있다.

서른네 살 때 수년간 워크숍을 진행하면서 스스로 실력이 꽤 늘었다는 것을 증명하고 싶었다. 그래서 이 선배를 '은유 워크숍'의 객원 강사로 초청했다. 그녀는 현장에서 눈부시게 재미있는 이야기를 들려주었다. 나는 강연을 들으면서 그녀의 멋진 이야기에 감탄하는 한편 내 이야기를 이대로 해도 정말 괜찮은지 하는 생각이 들었다. 그러자 나에 대한 수많은 의심이 순식간에 쏟아져 나왔다. 장기간 내 워크숍에 참가한 수강생들 앞에서 정말로 어찌해야 좋을지 알 수가 없었다. 나는 허겁지겁 겨우 이렇게 말했다.

"우선 여기까지 하고 잠깐 쉬는 시간을 갖겠습니다."

사람들이 모두 강당 밖으로 나간 후, 그녀에게 나의 당혹감을 고백했다. 애정이 넘치는 그녀의 주도 아래 우리는 릴레이식으로 함께 아래의 이야기를 완성했다.

초원에 달리기를 무척 좋아하는 소년이 있었다. 소년은 짧은 반

바지를 입고 맨발로 온 초원을 누볐다. 소년이 가장 부러워하는 사람은 긴 치마를 입은 누나였다. 바람이 불어올 때마다 누나의 기다란 치마는 바람에 날려 춤을 추었다. 소년은 자신의 맨발을 바라보며 부러움을 느꼈다. 그는 누나의 긴 치마가 너무나 부러웠다. 그리고 자신에게도 그렇게 아름다운 것이 있었으면 하고 바랐다. 그러나 사실 소년의 발은 힘차게 땅을 밟아 풀 한 포기 한 포기와 확실히 맞닿으며, 모든 발걸음을 착실히 내딛고 있었다. 누나에게는 긴 치마가 있었지만, 소년에게는 땅과 맞닿은 두 발이 있었던 것이다.

긴 치마와 발가벗은 두 발이 바로 차이다. 차이를 이해하면 독특함을 얻을 기회가 생긴다.

나와 선배는 매우 인연이 깊다. 서른여섯 살 때, 또다시 이 선배와 함께 피해자 가족들을 이끌고 셀프케어 활동을 하게 되었다. 현장에서 그녀는 붙임성 있게 사람들과 이야기하며 순조롭게 치료를 해나갔다. 한번은 행사 도중에 도움을 받던 가족들이 큰 소리로 울음을 터뜨리는 일이 있었다. 그녀는 시선을 돌려 나를 바라보며 말했다.

"허크, 이리 와서 에너지 명상을 해 줘요!"

나는 한 치의 망설임도 없이 마이크를 잡고 음악을 틀었다. 그리고 즉석에서 에너지에 관한 명상법을 만들어냈다. 태양과도 같은 나의 남성적 에너지는 목소리가 나오는 그 순간, 마치 어두운 집에 햇살이 비치듯 그 가족들에게 따뜻함과 에너지를 가져다주었다. 이것이 바로 나만의 독특함이었다. 이렇게 나 자신과 선배의 다름을 이해하고, 자신만의 독특함을 찾게 되었다. 부드러운 달빛과는 다른 아름다운 태양을 발견한 것이다.

평범하고 보잘것없는 모습이 우리가 받아들여야 할 사실이다. 당신과 나 모두 우리가 평범하고 보잘것없다는 것을 잘 알고 있다.

독특함과 아름다움은 발견하는 것이다. 차이를 발견하고 자신을 바라보며 가꾸다 보면 독특함이 드러나고 아름다움이 피어날 가능성이 생긴다. 보잘것없고 평범한 모습을 받아들이면 좀 더 홀가분하게 살 수 있다. 독특함을 지니고 아름다움을 피워내면 멋진 인생을 살 수 있다!

자신이 경험하고
있는 것을 믿으라

자신이 경험하고 있는 것을 믿어야만 자신의 진실한 부분을 자기 내면의 일부로

받아들일 수 있다. 이 진실한 부분을 받아들여서 집 없이 외부에서 떠도는 것을

멈추면, 온전하고 건강한 마음이 존재할 수 있게 된다

인간중심치료의 창시자 칼 로저스Carl Rogers는 그의 저서에서 엘렌 웨스트Ellen West라는 여성의 사례를 이야기한다. 그녀는 젊은 나이에 수많은 심각한 심리 증상을 앓고 있었다. 흥미로운 점은 로저스가 그녀를 정신 병리학의 각도에서 보지 않았다는 것이다. 그는 "trust my experiencing"의 각도에서 증상의 근본 원인을 찾았다.

"trust my experiencing"은 우리말로 직역하면 "내가 경험하고 있는 것을 믿어라"라는 뜻이다.

엘렌의 증상은 이렇게 시작되었다. 그녀는 한 외국 남자와 사랑에 빠져 약혼했지만, 아버지의 반대에 부딪혔다. 결국 그녀는 아버지의 말씀을 듣기로 결정하고 약혼을 파기했다. 그

러나 그 후 감당할 수 없는 정신 증상이 벌떼처럼 몰려왔다.

그녀는 "내가 경험하고 있는 것을 믿어라"라는 말을 실천할 수 없었다. 아버지에게 순종하기 위해 그녀는 자신의 진실한 사랑의 경험을 부정했다. 자신의 경험에 대한 믿음과 결합을 잃은 그녀는 마음 깊숙이 있는 감정과 갈망, 욕구를 느끼지 못하고 삶에 대한 열정마저 잃어버리게 되었다. 믿음과 결합이 없어지고 진실한 경험이 부정되었으니 병이 생길 수밖에 없었던 것이다.

16년간 상담 지도를 하고 천 번이 넘는 실전 면담 경험을 쌓았을 무렵, 로저스의 이 단순한 개념은 나를 뒤흔들었다. 책의 빈 곳에 이렇게 적었다.

"내가 경험하고 있는 것을 믿는 게 이렇게 중요한 일이었구나! 내가 경험하고 있는 것을 믿어야만 인생을 제대로 살 수 있어!"

개별 상담을 할 때 나도 모르게 로저스의 이 개념을 따르고 있었다는 사실을 발견했다.

진실한 마음의 소리를 듣고 그대로 받아들이라

32세인 샤오치는 나와 2년이 넘게 개별 면담을 했다. 그런데 얼마 전, 그녀에게 몇 가지 긍정적인 변화가 생겼다. 처음에 샤오치는 스스로에 대한 수많은 의심 때문에 자주 눈물을 흘리며 괴로워했지만, 차츰 자기 자신을 믿고 좋아하게 되었다. 그녀는 어떻게 자신에게 이런 변화가 생겼는지 무척 궁금해했다.

"허크, 물어보고 싶은 게 있어요. 당신은 어떻게 대화만으로 나를 밑바닥 뿌리에서부터 조금씩 변화시킨 거죠? 당신이 가르쳐준 방법은 사실 일상적이고 평범한 것이었는데요."

나는 웃으며 대답했다.

"확실히 화려한 방법을 쓰지는 않았지요. 하지만 단 한 번도 당신의 진실한 감정을 소홀히 여기지 않았어요. 당신이 불안해하는 것을 들었고, 당신이 무서워하는 것을 이해했으며, 당신이 미소 짓는 것도 보았죠. 나는 당신의 진실한 마음의 소리를 듣고 그대로 받아들였어요. 그래서 당신도 자신의 진실한 마음의 소리를 듣고 자신을 받아들이게 된 거예요. 당신이 차츰 한 걸음씩 자신의 경험을 믿게 되면서 건강도 뒤따라오게 됐고요. 내가 쓴 방법은 마음이지 기교가 아니에요. 화려함과는 가장 거리가 먼 방법이죠."

샤오치가 말했다.

"그런 거였군요. 저는 선생님을 통해 진실해지는 방법을 배우고, 저 자신의 일부를 하나씩 인식하고 받아들여 밑바닥에서부터 변화한 거예요. 정말 신기해요! 최근 몇 달 동안 저 자신이 이전과 많이 달라진 게 느껴졌어요. 사물을 바라보는 각도와 위치에 변화가 생겼거든요. 예전에는 항상 과거를 바라보고 있었지만, 지금은 천천히 과거에 등을 돌리고 지금 이 순간에 집중하려고 노력해요. 그리고 조금씩 머리가 아닌 마음의 감각을 따를 줄 알게 됐어요. 내가 하고 싶은 일을 하고, 나에게 도움이 되는 일을 하는 거죠. 지금의 저는 정말로 예전보다 훨씬 진실한 모습으로 살게 되었어요."

나는 어려움을 겪는 사람이 자신의 인생을 펼칠 수 있도록 도우면서 한 가지 사실을 깨달았다. 바로 "마음을 다해 상대방의 말을 경청하고 나서 '맞아'라고 말하면, 그 말이 정말로 맞다는 사실을 발견하게 된다"라는 점이다. 인생의 어려움을 훌쩍 뛰어넘을 수 있다고 가장하거나 인생의 괴로움을 마법으로 "휙" 하고 없애버리기를 바라서는 안 된다. 사람들이 자기 자신을 책망할 때 그들에게 "그건 당신의 잘못이 아니에요"라고 말하지 않는다. 대신 그들의 눈을 바라보며 심호흡한 후 이렇게 말한다.

"당신이 깊이 자책하는 모습이 보이네요. 당신은 정말로 자신이 그때……"

그리고 그들의 자책감을 함께 느껴본다. 숨기는 것도, 꾸미

는 것도 없이. 인생은 때때로 진실과 가까워지고 진실을 소유
하는 것에서부터 시작된다.

진실한 자신이 있어야 인생이 흐른다

로저스가 엘렌을 치료한 이야기를 읽다 보니 20년 전 내 모
습이 생각났다. 스물한 살, 칭화대학교 전기기계학과 3학년이
었던 나는 실은 내가 전기기계학 서적을 이해하지 못한다는
사실을 경험하고 있었다. 양자역학, 전자기학, 광학 이론은 내
조그만 뇌가 이해할 수 있는 범위를 훨씬 벗어나 있었다. 아무
리 열심히 예습하고 수업을 듣고 집에서 문제를 풀어 보아도,
여전히 그 추상적인 수학 공식들이 도대체 무엇을 의미하는지
알 수가 없었다. 주위 사람들은 모두 내게 전기기계학과가 전
망이 밝다고 말했다(이 말은 확실히 사실이었다). 그리고 조금
만 더 참고 인내하면 금방 좋은 날이 올 거라며 나를 설득했다
(이 말은 확실하지 않았다).

그 당시 내가 경험하고 있던 것은 전기기계학이라는 학문을
공부하는 데 어려움을 느낀다는 것과 심리학에 강한 흥미를
느낀다는 사실이었다. 나 자신이 남의 말을 경청하고 나의 마
음을 표현하는 일에 소질이 있으며 인내심이 강하다는 사실을

발견했다. 그러나 문제가 있었다. 지금 경험하고 있는 나를 믿고 나 자신의 가능성을 위해 목소리를 내야 할까? 아니면 모두의 말대로 열심히 전기기계학을 공부하고 신주 과학 공업단지에 취업해서 높은 연봉을 받아야 할까? 이제 로저스의 글을 읽으면서 스물한 살의 나를 새로운 시각으로 바라보게 되었다. 젊은 나이에 위험을 무릅쓰고 대담하게 심리 상담의 길로 나아간 것은 온 힘을 다해 몸을 일으켜 나 자신을 위한 '명예로운 전쟁'을 치른 것과 다름없었다.

대학교 3, 4학년 때 친구들은 나를 우울한 사람이라고 말했다. 그렇다. 만약 그때 온 힘을 쥐어짜 나 자신을 위해 그 명예로운 전쟁을 치르지 않았다면, 지금도 여전히 우울한 사람으로 살아가고 있었을 것이다. 어쩌면 그때보다 더 우울한 사람이 되었을지도 모른다. 나는 나 자신을 위해 목소리를 내고 전쟁을 치렀다. 그 결과 진실한 나를 찾게 되었으며 내 인생도 계속 흐를 수 있었다. 상담 지도 박사 학위를 받고, 젊은 상담원들에게 상담 전공을 지도할 수 있게 된 것은 바로 20년 전의 내가 나 자신이 경험하고 있는 것을 믿고, 나 자신을 위한 전쟁을 치렀기 때문이다.

자신이 경험하고 있는 것을 믿어야만 자신의 진실한 부분을 자기 내면의 일부로 받아들일 수 있다. 이 진실한 부분을 받아들여서

집 없이 외부에서 떠도는 것을 멈추면, 온전하고 건강한 마음이 존
재할 수 있게 된다.

친애하는 여러분. 여러분은 자신이 경험하고 있는 것을 믿
는가? 만약 명예로운 전쟁을 치러야 한다면, 당신의 전쟁터는
어디에 있는가?

어려움과 비판 앞에서
어떻게 해야 할까?

자신이 비판 속에 갇혔다는 사실을 깨달았다면 스스로 이렇게 말하라.

"아! 내가 또 축축하고 시커먼 웅덩이에 빠졌구나. 이런!" 그러고 나서

몸을 돌려 밝은 햇빛이 비치고 토양과 양분이 풍부한 장소로 다가가라

우리는 어려서부터 책임을 다해야 한다고 교육받았다.

그런데 우리가 져야 하는 책임이란 대부분 타인이 지시하는 일을 제대로 해내는 것이다. 그러다 보니 시간이 지날수록 책임이라는 두 글자를 싫어하게 된다. 마치 '책임'이라는 두 글자에 책망과 불만의 감정이 수반되는 것처럼 느껴지기 때문이다.

그런데 나는 '스스로 책임진다'라는 말을 굉장히 좋아한다.

스스로 책임질 때의 즐거움은 어디서 오는 걸까? 나는 내 생활이 의미 있고 만족스럽게 발전할 수 있도록 스스로 책임진다. 건강한 음식을 먹고 규칙적으로 운동하는 것도 스스로 책임진다. 주변 사람들의 다양한 모습을 파악해서 순수하고 착

한 친구들을 가까이하는 것도 스스로 책임진다. 세속적인 잣대나 우리를 생명의 핵심에서 멀어지게 만드는 칭찬이나 보상이 내 창의력의 근원을 침범하지 않도록 보호하는 일도 스스로 책임진다.

사람들은 "우리는 마땅히 ○○을 책임져야 한다"라고 말하면서 책임을 강요당하는 괴로움 속에 빠진다. 그러나 "나는 스스로 ○○을 책임지고 싶어"라고 말하면 우리 몸에서 에너지가 생겨난다.

한번은 친한 친구와 수다를 떨다가 내가 느낀 바를 이야기하게 되었다. 이렇게 말했다.

"어제 나쁜 일이 하나 있었어. 누가 대놓고 나를 공격적으로 비판했거든. 난 어려서부터 혼나는 걸 무척 두려워했어. 그래서 비판을 받으면 금세 어렸을 때 혼나던 것처럼 잔뜩 움츠러들지. 다행히 요 몇 년간 심리 치료라는 큰 바닷속을 떠돌면서 꾸준히 긍정적인 성과를 낼 수 있었어. 지금은 내가 위축되고 몸이 굳어 제대로 움직일 수 없을 때 마음속 목소리 하나가 튀어나와 이렇게 말해. '나는 스스로 책임지고 내 눈을 움직일 수 있어!' 이 말은 비판을 받았을 때 만약 내가 개선해야 하는 부분이 있다면 고치겠다는 뜻이야. 그리고 나서 나는 스스로 책임지고 내 눈이 어디를 바라봐야 할지 결정하지."

스스로 책임지고 햇빛과 사랑이 있는 곳으로 이동하라

사람은 비판하고 채찍질하는 분위기 속에서는 성장하기 힘들다. 그런 분위기는 부정적인 에너지로 가득 차 있기 때문이다. 부정적인 에너지 속에서는 자기 자신을 좋아할 수 없다. 충분한 에너지도 얻지 못한다. 그러면 어떻게 해야 할까? 비판을 받았을 때 만약 정말로 개선해야 하는 부분이 있다면 받아들이고 천천히 변화하면 된다. 중요한 것은 비판을 받았다고 해서 축축하고 시커먼 웅덩이에 계속 빠져 있으면 안 된다는 점이다. 우리가 해야 할 일은 스스로 책임지고 시선을 다른 곳으로 옮기는 것이다. 어디로 옮겨야 할까? 햇빛 아래 비옥한 토양이 있는 곳, 사랑이 있는 곳, 응원과 격려, 관심이 있는 곳으로 옮겨야 한다.

그러기 위해서 나는 스스로 책임지고 이렇게 행동한다. 먼저 핸드폰을 켜고 저장되어 있는 문자를 열어본다. 삭제하지 않은 문자들은 대부분 나를 사랑하는 사람들이 보내준 아름다운 글귀다. 첫 번째 문자는 타오위안에서 지도 교사로 일할 때 친한 여자 후배가 보낸 것이다. 그날 후배는 여행에 지친 몸을 이끌고 먀오리 농공업 직업학교에 와서 온종일 내 '꿈 탐색 워크숍'의 조교가 되어주었다. 그날 저녁 집으로 돌아가는 기차 안에서 후배의 문자를 받았다.

허크, 내 마음속 깊은 곳에서 우러나오는 고마움과 감동을 받아주길 바라요. 오늘 잠재의식의 힘을 체험하고 선배의 세심한 언어를 들으면서 나 자신도 치유의 분위기와 여정에 빠져드는 것 같았어요. 선배를 알게 돼서 정말 다행이에요!

다시 한 번 문자를 읽으면서 나 자신의 존재가 가치 있음을 느끼고 아름다운 사랑의 에너지를 받는다. 그런 다음 두 번째 문자를 읽는다. 왜 두 번째 문자를 읽어야 할까? 왜냐하면 첫 번째 문자가 주는 사랑만으로는 축축하고 시커먼 비난의 웅덩이에서 벗어날 수 없기 때문이다.

두 번째 문자는 마카오에서 워크숍을 마친 후, 끊임없이 사람들이 오가는 국제공항에서 수많은 인파에 밀려 이동하고 있을 때 마카오에 사는 친구가 보내온 것이다.

허크, 딸한테 줄 에그 타르트 좀 가져가야 하지 않아? 내가 11시 전까지 시간이 있으니까 대신 사다 줄게!

다시 한 번 문자를 읽으면서 심호흡을 한다. 그리고 이렇게 말한다. "이렇게까지 나에게 관심을 갖고 생각해주는 사람이 있는 걸 보면 내가 그렇게 형편없는 사람은 아닌가 봐!" 그러고 나서 또다시 세 번째 문자를 읽는다.

긴 바지를 벗고 자기 자신이 되라

내 친구들은 잘 알다시피 나는 여름에 거의 반바지만 입는다. 그러나 워크숍을 진행할 때는 첫 만남부터 반바지를 입는게 부끄러워서 지퍼를 사용해 긴 바지를 반바지로 만들 수 있는 야외용 캐주얼 바지를 입는다. 워크숍 참여자들 사이에서는 내가 바짓단을 떼어내고 반바지 차림이 되면 은유 이야기가 굉장히 재미있어진다는 소문이 돈다고 한다. 한번은 가오슝에서 상담원과 사회복지사들을 데리고 이틀간의 은유 이야기 워크숍을 진행했다. 둘째 날 강연이 시작되기 전 이른 아침, 나와 의형제를 맺은 친구가 도보로 타이루거 협곡을 오르는 길에 보내온 문자를 받았다. 내가 2년 동안 소중하게 보관한 친구의 문자 내용은 이렇다.

맞아, 우리는 지금 산을 오르는 중이야. 나는 발걸음을 내디디면서 바람과 태양을 느끼고 산의 리듬을 이해하려 하고 있어. 너는 어때? 바짓단은 떼어냈어? 네가 바짓단을 떼어내면 수많은 사람이 새로운 시야로 산을 바라보게 될 거야. 지금 배고파 죽겠어. 비상식량이라도 꺼내 먹어야지.

이 문자를 이미 50번은 넘게 읽었는데도 다시 읽을 때마다 여전히 감동을 받는다. 이토록 나를 이해해주고, "바짓단을 떼어내고 너 자신이 돼라"며 격려해주는 친구가 있다는 사실은 큰 감동을 준다. 나는 나처럼 세속에 구애되지 않고 자기주장이 강한 사람은 비판을 피할 수 없다는 사실을 잘 알고 있다. 그리고 만약 내가 무엇이든 남들과 똑같다면 비판과 질책을 받거나 중상모략에 시달리지 않을 거란 사실도 잘 알고 있다. 그러나 만약 내가 남들과 똑같다면 나는 생명의 힘을 펼칠 독특함을 잃을 것이다.

그렇다. 독특함과 고집은 수많은 비판을 불러일으킨다. 하지만 독특함과 고집은 또한 내 삶에 향기를 전해준다.

세 통의 문자를 연이어 읽고 나면, 나는 '스스로 책임지고', 부정적인 경험에서 눈을 돌린다. 그리고 개선하려는 마음을 가지고 사랑의 격려와 지지가 있는 곳에서 나의 두 다리로 똑바로 일어선다.

긍정적인 에너지를 갖고 계속 전진하라

"비판이 있어야 성장할 수 있다."

어려서부터 이 말을 수없이 많이 들어왔다. 이 말이 틀린 것은 아니다. 다만 구체적이지 않고, 완전하지 않을 뿐이다.

진정으로 우리를 이해하고 사랑하는 사람은 우리의 부족한 점을 보면 조언을 해준다. 이는 인생에서 아름답고 소중한 경험이다. 그런데 우리를 비판하는 대부분의 사람들은 입으로는 "다 널 위해서야."라고 말하지만, 사실은 그렇지 않다. 그들은 그저 그렇게 비판하는 게 습관이 되었을 뿐이다.

그러면 어떻게 해야 할까? 비판을 들었을 때 우리는 먼저 자신이 책임져야 할 부분이 있는지를 판별하고, 만약 있다면 마음속에 기억해둬야 한다. 그다음으로 중요한 건 비판의 그림자 속에 살지 않는 것이다. 왜냐하면 당신을 비판하는 사람들이 반드시 당신을 좋아하고 소중히 여기며 당신에게 관심을 갖는 것은 아니기 때문이다. 그들은 대부분 당신이 미래에 되고 싶어 하는 모습도 아니다. 만약 스스로 계속 비판 속에 살아간다면 우리는 자신도 모르는 사이에 자기 자신을 왜곡하면서 되고 싶지 않았던 그들의 모습으로 변해갈 것이다. 시선을 계속 비판의 세계에 두다 보면 당신은 점점 더 괴롭고 불편해진다. 에너지도 점점 사라진다. 그러다 보면 발전하고자 하는 동력과 전진하려는 마음이 아예 없어지게 된다.

그러므로 만약 발전하고 성장하고 싶다면 자신의 시선을 비판의 세계에서 진심으로 우리를 사랑하고 격려하며 지지하는 세계로 돌려야 한다. 이런 분위기 속에서 우리는 성장하는 한편 자신을 좋아할 수 있다. 겉으로는 성장해서 성과를 내지만 실제로는 점점 자신을 싫어하게 되는 것과는 다르다.

상담 지도를 하면서 능력이 출중하고 빠른 속도로 발전하는 사람들을 많이 만났다. 이치대로라면 그들은 성공하고 행복한 사람이 되어야 마땅하다. 하지만 그들 중 많은 사람이 자기 자신을 좋아하지 않았다. 그들은 자아개념self-concept이 매우 낮은데, 그 이유는 자기 자신을 너무나 못마땅하게 여기기 때문이다. 매체에서는 명문 학교의 우등생이 자살했다는 뉴스가 심심치 않게 보도된다. 그토록 출중하고 뛰어난 아이들이 왜 그런 선택을 하는 것일까? 그 이유는 아마도 그들이 남들이 기대하는 능력을 지니기 위해 필사적으로 노력하는 과정에서 조금씩 자기 자신을 싫어하게 되었기 때문인지도 모른다. 스스로 책임지고 자신의 시선을 사랑의 장면으로 돌릴 때 우리는 새로운 것을 이루는 한편 자기 자신을 사랑할 기회를 얻는다.

그러니 다음에 자신이 또다시 비판 속에 갇혔다는 사실을 깨달으면 스스로 이렇게 말하라. "아! 내가 또 축축하고 시커먼 웅덩이에 빠졌구나. 이런!"

그러고 나서 몸을 돌려 밝은 햇빛이 비치고 양분이 풍부한 장소로 다가가라. 그리고 긍정적인 에너지를 갖고 계속 전진하라.

시선을 돌리는 일은 말로는 쉽지만, 행동으로 옮기기는 절대 쉽지 않다. 사랑하는 후배야, 고마워. 의형제를 맺은 친구야, 고맙다. 멀리서도 나를 기억해주는 친구들아, 고마워. 너희들이 있기에 나는 사랑이 있는 곳으로 돌아갈 수 있단다.

수도관을 고쳐야 할까,
바꿔야 할까?

수도관이 녹슬었다. 당신은 왜 녹슬었는지를 고민할 것인가, 아니면
제대로 된 수도관을 찾아 헌것과 바꿀 것인가? 가끔은 무작정 원인만
생각하지 말고, 자신의 생명에 새로움을 더하는 일에 에너지를 쏟아야 한다.

몇 년 전 내가 처음으로 블로그를 시작했을 때 친구 아페이
가 블로그 방명록에 첫 번째 글을 남겼다. 그 후 우리는 MSN
에서 이런 대화를 나누었다.

아페이: "나는 네 말이 모두 진심이란 걸 알아. 하지만 네가 정
　　　말 믿을만한 사람인데도 내 마음속에는 가끔 의심과
　　　걱정이 고개를 들어. 나도 알아. 사실 나는 나 자신을 의
　　　심하고 있다는 걸. 나는 내가 왜 이렇게 의심이 많은 건
　　　지 이해할 수가 없어."

허크: "더 이상 원인을 생각하지 말고 새로운 정보, 예를 들면 네

가 사랑받고, 인정받고, 따뜻한 품에 안겼던 새로운 경험
을 받아들여 봐. 마치 수도관이 녹슬면 왜 수도관이 녹슬
었는지를 생각하는 대신 제대로 된 수도관을 찾아서 헌
것과 교체하듯이 말이야."

아페이: "하지만 수도관이 왜 녹슬었는지 알아내고 싶은걸? 녹슨
       원인을 알면 문제를 해결할 수 있지 않아? 잘 고치면 새
       것으로 바꿀 필요도 없고."

허크: "녹슨 수도관은 원래 바꿔야 하는 거야. 녹슨 철관을 굳이
      돈 들여서 고쳐 쓰는 사람 본 적 있어?"

아페이: "방금 너와 이야기하면서 내가 지금껏 고집스럽게 수도
       관을 바꾸려 하지 않았다는 사실을 깨달았어. 수도관을
       바꾸고 싶지 않은 건 새로운 수도관이 두렵기 때문인 것
       같아. 새것이기 때문에 본 적도 없고, 어떻게 생겼을지도
       알 수 없으니까."

허크: "맞아. 새롭기 때문에 익숙하지 않고, 익숙하지 않기 때문
      에 두렵고, 두렵기 때문에 헌 수도관이 왜 이렇게 됐을까

를 계속 고민하지. 일단 원인을 생각하기 시작하면 새로움
과 가능성에 딸려 오는 두려움과 걱정을 회피할 수 있으니
까."

아페이: "이제 알았어! 네가 내 글을 훌륭하다고 칭찬하면, 나는
　　　　이 좋은 점을 챙겨서 나 자신의 '새로운' 일부로 받아들이
　　　　면 되는 거야. 천천히, 천천히 챙기다 보면 새로운 내가
　　　　나타나게 될 거고. 맞지?"

허크: "정확해!"

허크: "아페이, 네 글은 정말 훌륭해! 수준이 높다니깐!"

아페이: "진짜 내가 남긴 글이 마음에 들었어?"

허크: "진짜야."

상처를 계속 파고들어야 할까?

이 '새 수도관으로 바꾸기'라는 개념은 가족치료사 사티어가
제시한 창의적인 개념에서 시작되었다. 'Add-On'이라고 하는

이 개념은 우리말로 직역하면 '더하다'라는 뜻이다. 사티어는 가끔은 무작정 원인만 생각하지 말고, 자신의 생명에 새로움을 더하는 일에 에너지를 쏟아야 한다고 생각했다.

심리상담 전문가를 포함한 많은 사람은 습관적으로 근본 원인을 찾고 싶어 한다. 문제와 어려움의 근본 원인을 찾고, 찾고, 또 찾고, 필사적으로 파고, 파고, 또 파는 것이다. 이러한 습관과 성향 뒤에는 흔들리지 않는 굳은 신념이 존재한다. "내가 아주 깊게 파고들어 안으로 들어가면 내가 이렇게 괴로운 근본 원인을 발견할 수 있을 거야. 그러면 내 인생에 긍정적이고 기적적인 변화가 생기겠지." 이 신념이 잘못되었는가?

잘못되지 않았다. 이 신념은 대부분 상황에서 옳다. 나 자신도 서른다섯 살 전에는 믿어 의심치 않았다. 다만 문제는 한동안 충분히 파고들었는데도 불구하고 '습관적으로 계속 파는 것'이다. 마치 뒷마당에 있는 나무뿌리에만 시선이 머물러 집 앞에서 충분한 햇빛을 받으며 당신의 일굼을 기다리는 커다란 땅을 보지 못하는 것과 같다.

틀린 것은 아니다. 다만 아까울 뿐이다.

깊이 파고들어 문제와 어려움의 근본 원인을 찾아내는 일은 인생 경영에서 '발견'에 해당하는 과정이다. 어떤 사람들에게는 '감지'라는 단어가 좀 더 익숙할 수도 있다. 십여 년간 상담실에서 사람들이 필사적으로 원인을 찾는 일을 도왔다.

"저는 왜 이렇게 불안할까요? 남자친구가 저와 싸우고 나서 냉정하게 문을 박차고 나가면, 저는 감당할 수 없을 만큼 당황해서 어찌할 바 모르는 다섯 살 어린애처럼 바닥을 굴러요. 왜일까요? 절 아껴줬던 가정부 아주머니가 전화 한 통만 남긴 채 갑자기 사라져버렸기 때문일까요? 어렸을 때 무슨 상처를 입었던 걸까요?"

이렇게 탐색하고 발견하는 과정이 사람들을 건강하게 변화시킬 수 있을까? 물론 그럴 때도 있다. 이 과정을 통해 자기 자신을 깊이 이해하고, 근본 원인을 찾고, 자신을 더 잘 알 수 있기 때문이다. 다만 어떤 때는 과거의 상처를 처리하는 데 급급해서 현재를 경영할 만한 에너지를 잃을 수도 있다.

따라서 나는 이렇게 묻고 싶다. 아직도 계속 파야 하나요? 계속 뒷마당에 있는 나무뿌리에만 시선을 둘 건가요? 파고드는 일을 멈추고 나면 어디를 향해 가야 할까?

'창조'는 가능성이 있는 새로운 방향이다. 집 앞에는 일굴 만한 가치가 있는 커다란 땅이 있다. 창조의 무대인 것이다. '창조'는 다른 말로 '자신에게 하나씩 새로운 경험을 안겨주는 일'이다.

어떤 새로운 일을 할지 자신에게 질문하라

큰딸이 두 살 때 어느 날 갑자기 연달아 세 번이나 토를 한적이 있었다. 그때까지 아이가 아프면 허둥대기 바빴던 나는영성이 뛰어난 선배가 자기 아들을 침착하게 돌보던 모습을떠올렸다. 나는 나 자신에게 말했다.

"자, 한번 해보자. 아주, 아주 단순한 사랑을 사랑하는 내 딸에게 전하는 거야."

그렇게 해서 새벽 2시에 나는 어둠 속에서 난생처음 토하느라 겁에 질린 딸을 안아 들었다. 그리고 사랑을 가득 담아 딸을품에 안고 부드럽고 조용한 목소리로 말했다.

"황아난, 아빠는 널 사랑해. 아빠는 널 너무 사랑해. 아빠는정말로 널 사랑해. 아빠가 널 안아주고 보살펴줄게."

그러자 뜻밖에도 놀라운 일이 벌어졌다. 딸이 나의 존재와사랑을 느꼈는지, 겁에 질려 자지러질 듯 울던 울음소리가 차츰 조용해지더니 훌쩍임으로 바뀌었다. 딸은 곧 조용히 내 가슴에 머리를 파묻었다.

다음 날 아침, 나는 오토바이를 타고 딸을 어린이집에 데려다주었다. 나는 밤새 뒤척인 딸이 울고불고하면서 어린이집교실에 들어가지 않을 거라고 생각했다. 재미있는 것은, 지난밤 우리 부부가 번갈아 가면서 훌륭하게 아이를 보살폈기 때문인지, 아니면 내가 딸을 안았을 때 집중해서 사랑을 쏟았기 때문인지 딸은 내가 신발을 벗겨줄 때 조그만 손으로 평소보다 세게 나를 붙잡았다. 그리고 스스로 책가방을 메고 내 곁을 지나 교실로 걸어 들어갔다. 딸을 아끼는 선생님과 나는 이구동성으로 이렇게 말했다. "황아난, 정말 대단하구나!" 딸은 별안간 몸을 돌려 아무 예고도 없이 바닥에 쪼그려 앉아있던 내 품에 안겼다. 그리고 내 얼굴을 더듬어 수염이 없는 곳을 찾아 왼쪽에 한 번, 오른쪽에 한 번 가볍게 뽀뽀하고는 다시 한 번 나를 꼭 끌어안았다. 그러고 나서 딸은 차분히 몸을 돌려 교실로 들어갔다.

딸은 아빠와 엄마가 평생 걸려 배운 일을 두 살 때 벌써 할 줄 알게 되었다. 우리가 어려서부터 학습한 충돌과 서먹함을 통한 작별이 아니라, 사랑으로 연결된 작별 인사를 할 줄 알게 된 것이다. 오토바이를 타고 어린이집에서 멀어지면서 나는 문득 오늘따라 햇빛이 유난히 아름답다고 생각했다. 지난밤과 오늘 아침, 나는 문 앞의 광활한 땅을 보고 정성껏 한 알의 좋은 씨앗을 심었다. 새로운 행동을 시도했기 때문에 인생의 새로운 가능성을 창조한 것이다.

나는 끊임없이 고민할 수 있었다. 왜 아이가 아플 때마다 이렇게 당황하는 걸까? 이것은 계속 나무뿌리를 파고, 수도관을 수리하는 행위다. 시선을 돌려 집 앞에 펼쳐진 광활한 초원을 바라보면서 나 자신에게 "무엇을 할 수 있을까?"라고 질문했다. 이것은 창조의 시작이자 나무뿌리를 파고 수도관이 녹슨 원인을 찾는 걸 멈추는 행위다. 급하게 과거를 처리하는 대신 현재와 미래를 일구는 일로 시선을 돌리는 것이다.

좀 더 탐색하고 감지하며 발견하는 과정이 필요할 때도 있다. 그러나 이와 동시에 지금껏 하지 않았던 새로운 행동과 경험을 창조하고 소유할 수 있다는 사실을 잊으면 안 된다. 때가 되면 뒷마당의 나무뿌리에서 몸을 돌려 호미를 메고 물통을 들어 문 앞에 펼쳐진 비옥한 땅을 일구게 될 것이다!

자신을 과대평가해야 할까,
과소평가해야 할까?

때때로 우리는 자신을 과대평가해서 감당할 수 없는

임무나 결정을 받아들인다. 자신을 높이 평가하지 말라는 것이 아니다.

다만 스스로 자기 자신을 부풀리고 있다는 사실을 알고 있어야 한다는 뜻이다.

내게는 '샤오과다이원래 의미는 멍청하다는 뜻으로, 타이완 만화에 나오는 주인공 이름이다'라는 별명을 지닌 재미있는 친구가 있다. 샤오과다이는 대학 시절 친구로, 우리는 함께 배구도 하고, 소개팅도 하고, 서로의 연애를 구경하기도 하고, 스테인리스 컵에 맛있는 라면을 익혀 먹기도 했다. 그는 현재 첨단기술 회사의 특허 부서에서 일하고 있다. 비록 서로 일하는 분야는 다르지만 우리는 여전히 가깝게 지낸다. 어느 날, MSN으로 '일반 대중'과 '심리치료사' 간의 대화를 나누었다.

허크: "요새 뭐 새로운 일 없어?"

샤오과다이: "어제 한 가지 사실을 깨달았어. 즐거움이나 행복을 일부러 추구할 필요는 없다는 것을 말이야. 마음이 평화롭고 차분하면 즐거움과 행복에 가까이 갈 수 있거든. 뭔가를 추구하는 마음은 평화롭고 차분한 마음과 자주 충돌하니까."

허크: "훌륭한 깨달음이네. 내가 오늘 아침에 읽은 책에도 네가 말한 것과 비슷한 이야기가 나와. 바로 '중심으로 돌아가면' 고요함과 평안함이 찾아온다는 거야. 그러면 아름다운 일이 있을 때는 온전히 아름다움을 감상할 수 있고, 사랑을 받을 때는 충분히 사랑받을 수 있어서 행복감도 자연스레 뒤따라오게 되지."

샤오과다이: "맞아. 일이 마음대로 되지 않을 때도 비교적 냉정해질 수 있어. 게다가 그 일을 더욱 분명히 바라보고 어떻게 대처해야 할지도 알 수 있지."

허크: "방금 한 말을 내가 심리 상담의 관점에서 다시 말해볼게. 마음이 고요하고 평안할 때는 설사 마음대로 안 되는 일이 있더라도 자기 자신을 잃어버리거나, 자포자기하거

나, 남을 탓하지 않아. 실제로 이런 경험을 해보면 변화의 가능성이 생기지."

샤오과다이: "맞아. 자기 자신을 잃어버리지 않는 게 중요해. 마음대로 안 되는 일 때문에 냉정함을 잃고 화내고 원망하는 부정적인 감정이 생기면 자기 자신을 잃게 되거든."

허크: "그런 부정적인 감정이 지속되면 심리 증상의 발단이 돼. 그럼 문제는 어떻게 마음을 평화롭게 만드느냐는 건데. 샤오과다이 선배께서는 좋은 방법이 있으신가?"

샤오과다이: "내 방법은 나에게 적당한 크기의 자리에 서는 거야. 나는 사람들의 마음이 평화롭지 못한 이유가 자신을 과대평가하거나 과소평가해서 스스로를 과도하게 중시하거나 가볍게 여기기 때문이라고 생각해."

허크: "네가 말한 '자신을 과대평가하거나 과소평가해서 스스로를 과도하게 중시하거나 가볍게 여기는 것'을 치료의 개

념에서는 '있는 그대로의 모습에서 벗어난 것'이라고 말해. 다시 말해서 '진실한 나'의 세계에 살지 않고 '허구의 이상적인 나'의 세계에 살거나 '평가 절하된 나'의 세계 속에 사는 거지.

샤오과다이: "아주 정확한 표현이네."

허크: "우리가 현재 경험하고 있는 일에 이름을 지어주면 자기 자신을 쉽게 원래 모습으로 되돌려놓을 수 있어. 얼마 전에 나와 집사람은 딸이 살이 찐 것 같다는 생각을 했어. 살이 찌니까 그전만큼 귀엽게 느껴지지 않았지. 하지만 우리는 딸이 살쪄서 귀엽지 않다는 사실을 받아들이지 않았어. 그랬더니 딸을 볼 때마다 점점 더 귀엽지 않은 거야. 왜냐하면 딸은 정말로 살이 쪘거든. 이 사실을 받아들이려고 하지 않으니까 문제가 생긴 거지. 나중에 집사람이 딸에게 '꼬마 청개구리'라는 별명을 지어줬어. 그 후로는 딸을 '꼬마 청개구리'라고 부를 때마다 통통한 청개구리가 생각나면서 딸이 다시 귀엽게 느껴지더라고. 이름 하나 바뀌었을 뿐인데, 이렇게 있는 그대로의 모습으로 돌아갈 수 있었지."

나 자신을 과대평가하다

사람은 언제 자기 자신을 과대평가할까?

때때로 우리는 스스로 더 큰 일을 하거나 더 잘 해내기를 기대하면서 자신을 과대평가하고 감당할 수 없는 임무나 결정을 받아들인다. 하지만 그러고 나면 초조함과 걱정, 두려움이 잇달아 찾아오기 쉽다. 자신을 높이 평가하지 말라는 것이 아니다. 다만 스스로 자기 자신을 부풀리고 있다는 사실을 알고 있어야 한다는 뜻이다.

얼마 전, 아내와 함께 할인마트에 장을 보러 갔다. 나는 우유를 살 때 판매원 아주머니가 자꾸 자기 브랜드의 우유를 사라고 강요하는 게 싫어서 얼른 다른 브랜드에서 나온 중간 크기의 우유를 집어 들었다. 그런데 아내는 아이가 요새 우유를 많이 마신다면서 반드시 커다란 크기의 우유를 사야 한다고 주장했다. 결국 이리저리 고르다가 아까 그 아주머니가 판매하던 우유를 사게 되었다. 이런! 순식간에 나의 분노 버튼이 눌렸고, 그렇게 한참을 씩씩대며 화를 냈다.

나중에 화가 가라앉자 이상하다는 생각이 들었다. 요즘 나는 왜 걸핏하면 마음대로 안 되는 일에 크게 화를 내는 걸까? 그날 저녁, 테니스를 치며 한바탕 땀을 흘리고 나서 자전거를 타고 집에 돌아가는 길에 나는 문득 깨달았다(운동을 하고 나면 깨달음이 자주 찾아온다!).

"아! 알았다! 내가 나를 너무 과대평가했던 거야!"

최근 나는 열심히 책을 쓰고 '두근두근 타이완 120'[1]이라는 거대한 계획을 기획하느라 나 자신을 마치 전쟁터의 위풍당당한 장군처럼 과대평가하고 있었다. 그래서 현실의 가정생활로 돌아왔을 때 아내가 내 말을 듣지 않고 자기 생각을 고집하자 그만 감정이 폭발한 것이었다.

깨달았으면 인정을 해야겠지! 자전거를 타고 집에 돌아가서 문을 열자마자 이렇게 말했다.

"여보, 내가 나를 너무 과대평가하고 있었어! 큰일을 해야 한다는 마음에 장군의 세계에 살고 있었는데, 갑자기 가정에서 부부관계 속의 내 크기로 돌아오려니 잘 안 되더라고……"

아내는 나를 보고 웃으며 말했다.

"그런 생각을 하고, 또 말로 표현하는 게 쉽지 않았겠네요."

나는 나를 인정하고 표현했으며 용서를 받았다. 그러자 화가 완전히 사라졌다.

있는 그대로의 모습으로 돌아가는 일은 결코 쉽지 않다. 왜냐하면 자기 자신이 더 훌륭하고, 더 아름답고, 더 우수하기를

---

1. 2012년부터 10년간 120회의 무료 워크숍을 진행하는 기획. 타이완 현지 치료사들이 번갈아가며 워크숍을 진행하여 상담 치료를 공부하고자 하는 젊은이들이 돈 걱정 없이 워크숍에 참가할 수 있도록 한 것이다. 또한 인생에서 가장 배움이 필요한 시기에 풍부한 배움의 기회를 얻고, 다양한 치료 스타일을 가진 선배들의 진실한 모습을 볼 수 있도록 했다.

바라기 때문이다. 있는 그대로의 모습으로 돌아갔을 때, 비로소 우리의 두 발이 현실의 땅을 밟고 앞으로 발걸음을 내디딜 수 있다.

받아들이기 싫은 모습과
마음에 드는 모습을 통합하라

자신의 '받아들이기 싫은 모습'과 '마음에 드는 모습'이 순식간에 통합될 때 우리는

진실함을 지속하며 현실에 발을 디딜 수 있게 된다. 이렇게 하면 자신의 부족한 부분에

빠지지 않고 인생의 또 다른 아름다움과 노력을 바라볼 기회가 생긴다.

주변의 많은 친구들이 '진실함'과 '진실을 말하는 것' 사이의
차이를 헷갈려 한다. 어떤 사람은 진실하게 살기 위해서는 반
드시 진실을 말해야 한다고 생각한다. 그러나 나는 이 두 가지
가 구분되어야 한다고 생각한다. 진실함은 자기 자신에 대한
것이고, 진실을 말하는 것은 타인에 대한 것이다. 다시 말해 남
에게 진실을 말하는 것은 그 사람에게 떳떳하기 위해서다. 한
편 진실함은 자기 자신에게 진실을 말하는 것이기 때문에 진
정으로 자신을 책임지는 것이다.

젊은 친구 몇 명이 연이어 내게 비슷한 질문을 해왔다.

"허크, 동료가 같이 밥 먹자고 하는데 그 동료와 같이 밥 먹
는 게 싫어요. 어떡하죠?"

이는 언뜻 듣기에는 상당히 멍청한 질문이다. "나 배 안 고파"라고 말하면 그만이지 않은가! 그런데 이 멍청한 질문 뒤에는 종종 마음속의 고집이 존재한다. 바로 '나는 거짓말하기 싫어'라는 것이다.

거짓말을 하지 않겠다는 것은 비록 그렇게 사는 게 힘들지라도 계속해나가겠다는 바람이자 고집이다. 나는 이런 고집과 바람이 훌륭하다고 생각한다. 그러나 한편으로는 정말로 제대로 살고 싶다면 남들에게 거짓말하지 않고 진실을 말하는 것을 고집하기보다, 어떻게 하면 자기 자신에게 진실을 말하고 진실하게 살지를 열심히 배우는 게 낫다고 생각한다.

내면의 진실한 자아를 받아들이라

앞서 이야기한 '좋아하지 않는 동료가 같이 밥을 먹자고 할 때'를 예로 들어 자기 자신을 책임지고 진실하게 살기 위한 방법을 세 단계로 나누어 알아보자.

1단계

예의 바르게 대답하기(상대방에게 완전히 진실을 말하지 않는다): "같이 밥 먹자고 말해줘서 고마워. 그런데 나 오늘 아침을 너무 배부르게 먹었어. 일단 일 좀 하다가 마무리되면 대충 해결할게. 너 먼저 먹으러 가! 고마워."

2단계

진실하기(자기 자신에게 진실을 말한다. 마음속으로 말하거나, 작은 목소리로 혼잣말한다): "아까 나는 저 사람과 같이 밥 먹기 싫어서 그렇게 말한 거야. 친구를 사귈 때 나만의 호불호가 있어. 좋아하는 사람도 있지만 거리를 두고 싶은 사람도 있지. 나는 이런 나 자신을 받아들일 거야."

3단계

자기 자신에게 온전히 진실하기(마음속으로 말하거나, 혼잣말한다): "아까 내가 진실을 말하지 않은 건 나 자신을 돌보고 더 잘 살기 위해서야. 나는 내가 진짜로 무슨 말을 하고 싶은지 잘 알고 있어. 이건 내 선택이고, 이 선택이 마음에 들어. 그리고 나는 기회가 있을 때 나 자신을 좀 더 열고 주변 사람들을 더 많이 알아가고 싶어."

2단계와 3단계는 분명한 차이가 있다. 2단계 내면외 대화의 포인트는 "맞아, 이게 진실한 나야"이다. 이런 대화를 통해 우리는 진실한 자신을 인식할 수 있다. 그러나 만약 자기 자신을 인식하고 받아들이는 것에 그친다면, 너무 안전하고 편안한 나머지 게으르고 발전이 없어진다. 발전이 없는 사람은 자칫하면 매력을 잃어서 사람들에게 호감을 주지 못한다. 이런 일이 발생하지 않기 위해 필요한 것이 3단계다. 3단계는 자기 자신을 인식하고 받아들인 것을 바탕으로 기존의 낯설고 불확실한 또 다른 가능성에 시도해보는 것이다. 용감하게 시도하면 성장할 수 있다. 그리고 멋지고 풍부한 경험을 통해 재미있게 살 수 있다.

간단하게 활용할 수 있는 이 세 단계를 실천하면 자기 자신을 더욱 좋아하게 될 것이다!

자신을 진실하고 아름답게 만드는 공존 연습

많은 사람이 스스로 진실하게 살고 있다고 생각하지만, 사실은 그렇지 않다.

한 사람이 발표를 앞두고 제대로 해내지 못할까 봐 무척 걱정하고 있다. 그는 자기 자신에게 계속 이렇게 말한다.

"나는 분명히 잘해낼 거야! 아무 문제 없어!"

이런 식의 자기 격려는 언뜻 보면 에너지가 넘치는 것 같지만 실제로는 굉장히 공허하다. 진실함과 거리가 멀기 때문에 에너지가 생기지도 않는다. 이와 정반대의 경우도 있다. 또 다른 사람이 발표를 앞두고 제대로 해내지 못할까 봐 무척 걱정하고 있다. 그는 마음속으로 자기 자신과 이런 대화를 나눈다.

'망했어. 이번에는 완전히 망했어. 젠장!'

이런 식의 한탄은 언뜻 보면 자신을 채찍질해서 노력하게 만드는 것 같지만 실제로는 오히려 역효과가 나서 스스로 겁에 질리게 만든다.

이 두 개의 극단적인 태도는 모두 진실하지 않다. 자기 자신에게 진실을 말하지 않은 것이다. 그렇다면 어떻게 하는 것이 자신에게 진실한 것일까? 아주 간단하다. 그저 '공존'의 개념을 건강하게 사용하기만 하면 된다. 자기 자신에게 이렇게 한 번 말해보라.

"맞아, 나는 걱정이 돼. 예전에 실수한 경험 때문에 나는 나 자신의 능력을 크게 걱정하게 됐어."

"맞아, 하지만 나는 최선을 다해 준비할 거야. 또 무엇을 준비할 수 있는지 살펴보자."

"맞아, 나는 걱정이 돼. 맞아, 하지만 나는 최선을 다해 준비할 거야. 이 두 가지 모습 다 나야. 그리고 나는 이보다 훨씬 더 다양한 모습들을 가지고 있어."

 이번에는 좀 더 구체적인 공존 문형 공존 문형[2]을 통해서 공존의 개념을 실생활에 적용하는 방법을 알아보자. 문형에서 A는 연습의 주인공(자기 자신)이고, B는 파트너 또는 자기 자신이다. 당신이 A 역할을 맡고 친구가 B 역할을 맡아서 함께 연습할 수도 있고, 당신이 B 역할까지 맡아서 연습할 수도 있다. 둘 다 모두 훌륭한 선택이다.

 A: "나는 네가 나를 ……라는 사람이라고 생각했으면 좋겠어."

 B: "맞아, 나는 네가 ……라는 사람이라고 생각해."

 A: "나는 네가 나를 ……라는 사람이라고 생각할까 봐 걱정돼"

 B: "맞아, 나는 네가 ……라는 사람이라고 생각해."

 B: "맞아, 이 두 가지 모습 다 너야. 동시에 이 두 가지 모습을 가지고 있는 건 좋은 일이야. …… 그리고 너는 이보다 훨씬 더 다양

2. 공존 문형은 미국 스탠퍼드대학교 심리학 박사이자 에릭슨 최면 수석강사인 스티븐 길리건 박사가 제기했다.

한 모습들을 가지고 있어."

A: "맞아, 이 두 가지 모습 다 나야. 동시에 이 두 가지 모습을 가
지고 있는 건 좋은 일이야. …… 그리고 나는 이보다 훨씬 더
다양한 모습들을 가지고 있어."

앞서 이야기한 '발표를 앞두고 긴장하는 일'을 예로 들어보
자.

A: "나는 네가 나를 발표 준비를 열심히 해서 제대로 해내고 싶어
하는 사람이라고 생각했으면 좋겠어."

B: "맞아, 나는 네가 발표 준비를 열심히 해서 제대로 해내고 싶어
하는 사람이라고 생각해."

A: "나는 네가 나를 겁이 많고 긴장하고 초조해 하는 사람이라고
생각할까 봐 걱정돼."

B: "맞아, 나는 네가 겁이 많고 긴장하고 초조해 하는 사람이리고
생각해."

B: "맞아, 이 두 가지 모습 다 너야. 열심히 준비해서 제대로 해내고 싶어 하는 것도 너고, 겁이 많고 긴장하고 초조해 하는 것도 너야. 동시에 이 두 가지 모습을 가지고 있는 건 좋은 일이야. … 그리고 너는 이보다 훨씬 더 다양한 모습들을 가지고 있어.

A: "맞아, 이 두 가지 모습 다 나야. 열심히 준비해서 제대로 해내고 싶어 하는 것도 나고, 겁이 많고 긴장하고 초조해 하는 것도 나야. 동시에 이 두 가지 모습을 가지고 있는 건 좋은 일이야. … 그리고 나는 이보다 훨씬 더 다양한 모습들을 가지고 있어.

이 문형은 간단해 보이지만 상당히 큰 힘을 발휘한다. 자신의 '받아들이기 싫은 모습'과 '마음에 드는 모습'이 순식간에 통합될 때 우리는 진실함을 지속하며 현실에 발을 디딜 수 있게 된다. 이것도 나고, 저것도 나다. 이렇게 생각하면 우리는 자신의 부족한 부분에 빠지지 않을 수 있다. 두 눈이 '나의 부족한 부분'이라는 작은 점만 바라보면, 컴컴한 암흑만 보이고 인생의 또 다른 아름다움과 노력은 보이지 않는다. 내 삶에 원래부터 존재했던 커다란 부분을 보지 못하는 것이다!

'두근두근 타이완 120' 첫 번째 워크숍에서 나는 전국각지에서 타이중으로 모인 참가자들을 바라보며 내 감상을 이야기했다.

"완벽은 정말 좋은 게 아닙니다. 진실함이야말로 정말 좋은 것이죠. 무엇이 '정말 좋은 것'일까요? 진실하고 아름다운 것이 정말 좋은 것입니다."

나는 십여 년간 공존 문형을 통해서 끊임없이 다시 태어나고, 새롭게 자신과 관계를 맺고, 자신을 받아들였다. 친애하는 여러분. 여러분의 내면에서 심호흡하며 다시 태어나기를 기다리는 모습은 무엇인가?

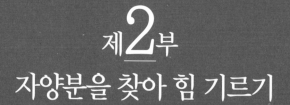

제2부
자양분을 찾아 힘 기르기

자신을 위한
자리를 찾으라

사람은 다른 사람이 바라봐주고 칭찬해줄 때 아름다운 경험을 하게 된다.

이런 경험이 쌓이면 외면당하고 떠밀렸던 좌절의 경험을 이겨낼 수 있는 힘이 생긴다.

그리고 인생이 정말로 진실하고 아름다워진다.

　　대학교수로서 개념과 지식을 전달하는 것 외에 내가 학생들에게 해줄 수 있는 일은 바라봐주는 것이다. 교실에서, 수업이 끝난 후 복도에서, 개별 상담실에서, 단체 상담실에서, 진심을 다해 학생들을 바라보며 감탄한다.

　　내가 "와! 수염이 정말 멋지구나! 아주 개성 있어!"라고 말하면, 학생은 기쁘게 웃으며 이렇게 대답한다. "아니에요. 선생님 이야말로 멋지세요!"

　　내가 "머리 스타일 바꿨구나! 봄이 성큼 다가온 것 같네!" 라고 말하면, 부끄러움이 많은 여학생은 미소 지으며 고개를 끄덕인다. 내가 건넨 짧은 한마디에도 학생들은 "선생님이 내 예전 머리 스타일을 기억하고 계시는구나! 아이고야, 선생님은 내가 연애하고 싶어 하는 걸 아시는구나!"라고 생각한다.

젊은이들에게는 때때로 누군가가 기억해주고, 알아주고, 이해해주는 것이 필요하다. 어떤 사람이 자기 자신을 제대로 사랑하고 아끼지 못하는 이유는 그 사람의 인생에 발걸음을 멈추고 진심으로 그(또는 그녀)를 사랑해주는 사람이 없기 때문이다. 자양분을 제대로 얻지 못하고 사랑받지 못한 마음으로 자기 자신을 사랑하는 것은 정말로 어려운 일이다. 그래서 나는 자주 진지하게 '기억'의 중요성을 강조한다. 다른 사람들에게 자주 기억되는 사람은 천천히 마음속 깊은 곳에서부터 자신이 사랑받을 가치가 있다는 사실을 알게 된다. 왜냐하면 나를 사랑하는 사람만이 나를 기억해주기 때문이다.

바라봐주는 것은 자신의 자리를 갖게 해준다

"너 재즈 피아노를 친다면서? 얼마나 됐어?"

대학교에서 교편을 잡던 시절, 어느 날 아침, 첫 번째 수업에서 내가 1학년 남학생에게 한 말이다.

한 달 전, 검은 테 안경을 쓴 이 왜소한 남학생은 4층 높이의 실내 암벽 등반장 꼭대기에서 필사적으로 난간을 붙잡으며 하강에 대한 말할 수 없는 극한의 공포를 느끼고 있었다. 다른 학생들은 모두 용감하게 또는 겁에 질려 하강을 마쳤지만, 그는 여전히 가장자리에 서서 두려움에 떨고 있었다.

"정말 안전한 거 맞아요?"

나는 암벽 등반장 꼭대기에 있었고, 옆에는 선배들과 암벽 등반 전문가가 있었다.

선배들은 그가 빨리 하강할 수 있도록 최면을 걸라며 나를 부추겼다. 하지만 내가 그런 일을 할 리가 없지! 나는 숨을 한 번 깊이 내쉬고 그를 바라보며 말했다.

"무서운 게 정상이야."

그리고 그저 그를 바라보았다. 그가 스스로 자신을 남자답지 못한 겁쟁이라고 생각할 만한 이야기는 하지 않았다. 그는 왜소한 몸을 덜덜 떨며 십여 분을 머뭇거린 후에야 안전하게 하강했다. 나는 속으로 걱정했다.

'이 아이는 이제 겨우 1학년인데, 앞으로 레저보건학과의 활동적인 분위기에 제대로 적응할 수 있을까……'

나는 이 걱정스러운 마음을 일단 마음속에 담아두었다.

몇 주가 지난 후 월요일, 이 남학생이 재즈 피아노 대회에서 우수한 성적으로 학교를 빛냈다는 소식을 들었다. 이 일로 그 남학생은 학교 주간회의 시간에 전교 학생들을 위해 재즈 피아노를 연주하게 되었다. 내 마음은 두근거렸다. 잘 됐다! 이 아이도 자신의 자리를 갖게 되었구나!

화요일은 마침 1학년의 심리학개론 수업이 있는 날이었다. 교실로 들어가 첫 번째 줄 책상 위에 노트북 컴퓨터를 올려놓고 프로젝터와 연결할 준비를 했다. 이 왜소한 남학생은 평소와 마찬가지로 첫 번째 줄에 앉아 있었다. 나는 그를 바라보며 말했다.

"너 재즈 피아노를 친다면서? 얼마나 됐어?"

내 시선을 받은 남학생이 입을 벌려 웃으며 대답했다.

"클래식 피아노는 배운 지 10년 됐고, 재즈 피아노는 연습한 지 16일 만에 대회에 나갔어요!"

한 학기 내내 수업을 진행했지만, 자신감 넘치는 그의 눈빛을 본 것은 그때가 처음이었다. 나는 감탄했으며 마음이 놓였다. 그리고 다른 학생들이 이제 이 아이를 얕보지 않을 거라는 사실을 알았다.

건반 위를 춤추며 나는 두 손은 암벽 등반장에서 덜덜 떨리던 손과 같은 손이었다.

이 두 손이 자신의 자리를 갖게 된 것이다.

몇 년이 지난 후, 나는 이 학생을 떠올리면서 마음속으로 생각했다. 그와 함께할 기회가 좀 더 있었더라면, 수업을 마친 후 10분간의 쉬는 시간 동안 공존하는 방법을 알려주었을 거라고.

자! 똑바로 앉아서 심호흡하세요. 좋아요. ……왼손바닥이 위를 향하게 내밀며 이렇게 말합니다. "맞아, 암벽 등반장 꼭대기에서 덜덜 떨던 두 손은 나야." 심호흡하고 왼손을 제자리로 가져갑니다. 이제 오른손바닥이 위를 향하게 내밀며 이렇게 말합니다. "맞아, 피아노 건반 위를 날아다니던 두 손도 나야." 다시 한 번 심호흡하며 오른손을 제자리로 가져갑니다. 이제 두 손을 천천히 가운데로 가져와 꼭 맞잡습니다. 심호흡하며 이렇게 말합니다. "맞아, 덜덜 떠는 손도 나고, 피아노를 치는 손도 나야. 이 두 가지 모습 다 나야. 동시에 이 두 가지 모습을 가지고 있는 건 좋은 일이야. 그리고 나는 이보다 훨씬 더 다양한 모습들을 가지고 있어."

사람은 다른 사람이 바라봐주고 칭찬해줄 때 아름다운 경험을 하게 된다. 이러한 경험이 쌓이면 외면당하고 떠밀렸던 좌절의 경험을 이겨낼 힘이 생긴다. 그리고 인생이 정말로 진실하고 아름다워진다.

독특함을 찾을 수 없다면
아름다움을 창조하라

관심을 담은 인사는 아름다움이 될 수 있다. 반갑게 맞이하는 미소도

아름다움이 될 수 있다. 독특함을 좇는 힘을 아껴서 인생의 아름다운 경험을

창조하는 데 쓰는 것 또한 아름다운 일이 아닐까?

너와 나, 우리는 사실 모두 평범하다

우리는 너무 평범하다. 그래서 열심히 자신만의 독특함을 찾는 일이 어렵게 느껴진다. 너무 어려워서 어떤 때는 정말로 못 찾기도 한다. 간절히 찾고 싶은 것을 못 찾아서 좌절이 계속 쌓이면 자신에 대한 불만도 점점 늘어나게 된다.

이 세상에 진정으로 독특한 사람은 사실 아주, 아주 적다. 중국 타이완에 린화이민林懷民,타이완 현대무용가과 장쉰蔣勳, 타이완 유명 화가, 시인 겸 작가 같은 사람이 몇 명이나 될까? 바로 여기서 문제가 생긴다. 우리는 아득히 멀리 있는 목표를 바라보며 있는 힘

89

을 다해 전진하지만, 노력을 거듭한 후에야 아무리 해도 그곳에 도달할 수 없다는 사실을 깨닫는다. 그리고 어찌할 바 몰라 하며 자신이 마주할 수밖에 없는 '평범함'을 힘겹게 바라본다.

수년간 내게 상담 지도를 받은 사람 중 많은 사람이 자신의 독특함을 찾기 위해 발버둥 쳤다. 그들은 때때로 힘겨운 노력 끝에 조그만 독특함을 찾아내지만 얼마 지나지 않아 곧 깨닫는다.

"이런 사람은 많잖아. 별로 특별한 게 아니었어!"

사실 우리는 모두 평범하다. 그리고 사실 평범함은 나쁜 것이 아니다.

우리는 어려서부터 자주 이런 이야기를 들으며 자라왔다.

"모든 사람은 자신만의 하늘을 찾을 수 있다."

"모든 사람은 반드시 자신만의 독특함을 지니고 있다. 단지 당신이 아직 찾지 못했을 뿐이다."

이런 말들은 우리가 열심히 독특함을 찾고 계속 성장하도록 격려한다. 하지만 멀리 있는 것을 찾으라는 이런 말들이 결국 우리가 자신이 평범하다는 사실을 받아들이는 걸 더욱 어렵게 만드는 것은 아닐까?

자신이 정말로 평범하다는 사실을 인정하라. 그리고 천천히 현실에 착지해서 인생의 아름다움을 하나씩 창조하라. 사람들과 함께하는 아름다운 순간을 만들라. 나는 자주 이렇게 이야기한다.

"만약 독특함을 찾을 수 없다면, 아름다움을 창조하면 됩니다."

내 눈앞에 있는 사람을 위해 아름다움을 창조하라

대학에서 교편을 잡던 시절 만났던 키 작은 남학생을 지금까지 기억하고 있다. 어느 날, '감정이입'과 '스트레스 관리' 수업 사이 쉬는 시간에 학교 수영장에 들어가 몸을 담갔다. 두 트랙을 헤엄치고 수영장 옆에서 쉬고 있는데, 수영장에서 구조요원으로 일하던 우리 학과의 열아홉 살짜리 키 작은 남학생이 곧장 나를 향해 걸어왔다. 그는 내 앞에 쪼그려 앉더니 쭈뼛쭈뼛 질문했다.

"선생님, 여자들은 왜 거친 남자를 좋아하나요?"

나는 속으로 이렇게 추측했다.

'이 남학생은 성격이 온화해서 여학생들의 고민을 잘 들어줘. 하지만 이 아이가 좋아하는 여학생은 다른 사람을 좋아하지. 그런데 그 여학생은 좋아하는 남자에게 상처받고 기분이 안 좋을 때마다 이 착한 남학생에게 하소연하는 거야.'

나는 그의 질문에 대답하는 대신 곧바로 그의 마음속 의혹에 대한 해답을 내놓았다. 그를 바라보면서 진지하고 부드럽게 말했다.

"너는 착한 사람이야. 계속해서 친절하고 따뜻한 마음으로 네가 좋아하는 여학생의 고민을 들어 줘. 항상 착한 마음을 지니고 있어 줘. 만약 네가 좋아하는 그 여학생이 너의 장점을 깨닫지 못한다면, 그 애는 네게 어울리지 않는 거야. 나중에 네가 또 다른 여자애를 좋아하게 돼서 그 여자에게 계속 친절하고 따뜻하게 대해주면, 그때는 좋은 결과가 있을 거야."

쭈뼛거리던 열아홉 살 남학생은 놀라서 입이 딱 벌어졌다.

"선생님, 어떻게 제 한마디만 듣고 다 아셨어요!"

나는 미소 지으며 그를 바라봤다.

"항상 착한 마음을 지니고 있어야 해!"

샤워를 끝내고 몸을 닦은 후, 엘리베이터를 타고 연구실로 돌아갔다. 날이 어두워졌을 때 자동차에 시동을 걸고 평생교육부 수업이 있는 캠퍼스 반대편으로 향했다. 아까 그 남학생은 멀리서 나를 보고 크게 손을 흔들며 인사를 하고 있었다.

그날 저녁, 나는 수영장 옆에서 열아홉 살짜리 남학생의 고민을 가만히 들어주었다. 그리고 하나의 아름다움을 창조할 수 있었다. 그날 저녁, 키 삭은 남학생은 용기를 내 심리학 선생님에게 질문했다. 그리고 자신의 장점을 확실히 알고, 미래의 멋진 짝을 만날 기회를 얻었다.

몇 년 전, 당시 한 살이던 작은딸이 난생처음 열이 났다. 아내가 작은딸을 안고 약을 먹이려 하자 작은딸은 울고불고 온몸을 비틀며 소리 질렀다.

"약 안 먹어! 약 안 먹어!"

그때 큰딸이 거실에서 걸어오더니 여동생의 손을 붙잡고 이렇게 말했다.

"마오마오, 약 먹고 나면 언니가 짝짜꿍해줄게!"

그러자 신기하게도 마오마오가 얌전해지더니 잠자코 약을 받아먹었다. 큰딸은 여동생의 손을 잡고 자신의 세 살짜리 인생에서 조그만 아름다움을 창조한 것이다.

한 번은 핑전 고등학교에서 앳된 고등학교 지도 선생님들을 이끌고 지도 연구를 진행한 적이 있었다. 그날의 주제는 진로 카드와 애정 카드로 사람들을 지도하는 훈련이었다. 단체실에 들어갔을 때 교실 안은 내가 모르는 선생님들로 꽉 차 있었다. 그때 수수한 스타일의 젊은 여선생님 한 명이 나에게 다가왔다.

"선생님! 대학교에서 선생님 수업을 들은 적이 있어요. 선생님이 오늘 연구 수업을 진행하신다는 걸 알고 얼마나 흥분했는지 몰라요! 안 그래도 오늘 대학 때 선생님 수업에서 썼던 노트를 가져오려고 했거든요!"

그것은 무려 7년 전의 일이었다. 그 당시 '창조력과 생활'이라는 일반상식 과목을 겸임하고 있었는데, 사회복지학과와 유아보육학과 학생이 매우 많은 수업이었다. 젊은 여선생님의 짧은 한마디에 내 마음은 따뜻해졌다. 그녀는 7년 전에 들었던 수업 노트를 지금까지 보관하고 있었던 것이다. 짧지만 다정한 그녀의 말에, 나는 나 자신이 가치 있는 사람이라고 믿게 되었다. 이 젊은 여선생님은 그날 아침 귀중한 아름다움 하나를 창조한 것이다.

"만약 독특함을 찾을 수 없다면, 아름다움을 창조하면 됩니다."

관심을 담은 인사는 아름다움이 될 수 있다. 반갑게 맞이하는 미소도 아름다움이 될 수 있다. 독특함을 좇는 힘을 아껴서 인생의 아름다운 경험을 창조하는 데 쓰는 것 또한 아름다운 일이 아닐까?

자신감은 어디에서 오는가?

자신감은 자기 자신을 좋아하는 마음에서 온다.

그리고 자기 자신을 좋아하는 마음은 진정으로 자신의 한계를

받아들이고 자신의 장점을 내보이는 데서 온다.

한 젊은 친구가 MSN을 통해 내게 질문했다.

"허크, 무엇이 당신을 이렇게 자신감 있게 만들어 주었나요?"

나는 마음속으로 나 자신에게 말하는 동시에 그녀에게 대답했다.

"당신은 나보다 몇 살이나 더 젊어요. 그 세월을 얼렁뚱땅 보낼 수도 있고, 한 걸음씩 귀중한 내적 에너지를 쌓을 수도 있죠."

자신감은 어디서 오는가?

나는 이 질문에 대해 온전한 대답을 하고 싶다.

자신감은 자기 자신을 좋아하는 마음에서 온다. 그리고 자기 자신을 좋아하는 마음은 진정으로 자신의 한계를 받아들이

고 자신의 장점을 내보이는 데서 온다. 좀 더 구체적으로 말하면, 자신의 한계를 받아들이고 자신의 장점을 드러낼 줄 알기 때문에 점점 더 자기 자신을 좋아하게 되고, 자신을 좋아하는 마음이 충분히 쌓였을 때 자신감이 오는 것이다.

가장 기본적인 것에서부터 시작해보자. 어떻게 자신의 한계를 받아들여야 할까?

나에게는 수많은 한계가 있다. 어떤 사람들은 그것을 결점이라고 부르지만, 나는 한계라고 부르는 것을 선호한다. 사랑하는 아내는 쇼핑할 때면 끊임없이 옷을 입어보는데 나는 이를 정말 견디지 못한다. 나는 심사가 뒤틀리면 다섯 살짜리 남자아이처럼 상대하기가 까다로워진다. 회의 시간에 나는 얌전히 자리에 앉아 있지 못하고 계속 이리저리 움직인다. 그 밖에도 많다. 나에게는 수많은 한계가 있다. 나의 한계는 내가 지닌 장점과 맞먹을 정도로 많다.

건강한 친구는 당신의 한계를 받아들인다

그렇다면 어떻게 자신의 한계를 받아들여야 할까? 그 중요한 첫걸음은 바로 건강한 사람을 친구로 삼는 것이다. 진정으로 건강한 친구는 자신의 한계를 받아들이고 자신의 장점을 좋아한다. 그래서 나의 장점에도 아낌없이 감탄하고 칭찬해줄 수 있다. 그리고 나의 한계를 보았을 때도 웃으며 이렇게 말한다.

"하하! 허크는 이렇다니까!"

미소를 담은 이 말은 한계에 대한 포용으로 충만하다. 또한 그 뒤에는 "비록 네가 ○○해도, 나는 여전히 너를 매우 좋아해!"라는 의미가 숨겨져 있다.

상담 지도 박사 과정에서 개별 사례를 다루는 실습을 할 때 종종 실습 과정을 녹화해서 공부하곤 했다. 그 당시 영상 속에서 상담원 실습을 하는 나를 보면 계속해서 몸을 이리저리 움직이고 있었다. 그런 내 모습이 상담의 깊이나 효과에 영향을 미칠까 봐 굉장히 걱정했다. 그런데 그때 지도교수는 영상을 가리키며 오히려 이렇게 말해주었다.

"저 여자를 봐. 네가 이리저리 움직여도 아무렇지 않게 집중해서 자기 이야기를 하고 있잖아. 이게 네 모습이야! 너는 내 연구 방법 수업을 들을 때도 이리저리 움직인다니까! 이게 바로 너야!"

그 순간 나는 인정받고, 받아들여졌다.

건강한 사람에게 받아들여지자 나 또한 나 자신을 받아들일 수 있게 되었다. 몸을 움직이는 행위를 통해 내적 에너지를 활성화하는 내 모습을 받아들이게 된 것이다. 충분한 지양분과 사랑을 받으면서 나는 자신을 더욱 좋아하게 되었다. 그리고 차츰 나 역시 건강한 친구의 역할을 맡게 되었다. 사람들에게 이렇게 이야기한다.

"하하, 유미는 이렇다니까! 긴장하면 계속 땀을 흘리지."

"하하, 조는 이렇다니까! 우리 중에서 얼굴이 제일 먼저 빨개져."

미소를 담은 "이렇다니까!", "이게 바로 너야!"라는 말을 들을 때 우리는 자신도 모르는 사이에 마음속에서 이런 목소리를 듣는다. '맞아! 나는 이렇다니까! 이게 바로 나야!' 이 새로운 목소리는 외부에서 들어와 시간이 지나면서 차츰 자기 자신의 내면의 목소리로 변한다. 나 자신이 밀려나거나 미움받지 않기 때문에 내면은 하루하루 점점 더 온전해진다.

그래서 다음번에 자신의 한계를 보게 되더라도 마음속에서 자동으로 이런 목소리가 울려 퍼진다. '맞아! 이게 바로 나야!' 이렇게 자동으로 생긴 새로운 목소리는 자연스럽게 기존의 자책하던 목소리("나는 왜 또 이 모양일까…….")를 대신한다. 자기 자신을 좋아하고 받아들이는 일은 이 새로운 자동화[3] 목소리에서 시작되어 점차 성장한다. 자신에 대한 포용력이 확장

---

3. '자동화'란 생각을 거치지 않고 자동으로 튀어나오는 생각이나 감각을 가리킨다. 우리는 어려서부터 수많은 자동화 반응을 형성한다. 예를 들면 혼날 때 몸이 자동으로 움츠러드는 것, 화가 나면 머릿속이 자동으로 하얘지는 것, 책망당하면 자동으로 '나는 왜 또 잘못을 저질렀을까'라는 내면의 대화를 하는 것 등이 있다.

되면 자신감도 저절로 성장한다.

타인의 칭찬은 우리의 자신감을 키운다

건강한 친구는 우리를 받아들일 뿐만 아니라 우리에게 감탄하고 칭찬도 해준다. 누군가에게 받은 칭찬은 슬럼프에 빠졌을 때 특히나 더 소중하다. 기분이 몹시 우울했던 어느 날, 제자가 보낸 편지 한 통을 받았다. 편지에는 그녀가 자기 결혼식에서 나를 소개할 때 쓰려고 준비한 소개 인사가 적혀 있었다.

이제 저는 여러분에게 아주, 아주 중요한 분을 소개하려고 합니다. 이분은 제 생명의 은인이나 다름이 없습니다. 이분은 나이가 많은 분이 아니라 굉장히 젊은 분이지요. 이분 덕분에 저는 자신의 존재를 느끼고 진정한 즐거움을 알게 되었습니다. 이런 즐거움은 아는 사람도 있고, 모르는 사람도 있을 거라고 생각합니다. 이분은 바로 제 심리 치료 사부님이십니다. 저를 오랫동안 알고 지낸 친구가 "너는 어떻게 점점 더 즐겁게 사니? 어떻게 점점 더 예뻐지니?"라고 물어본다면, 저는 언제나 이렇게 대답할 것입니다. "나에게는 언제나 나를 사랑하고 도와주고 보살펴주는 사부님이 계시거든." 자, 여러분께 허크를 소개합니다!

결혼식 소개 인사를 읽는 내 두 눈에서 눈물이 흘러내렸다. 알고 보니 나는 이렇게 기억되고 있었던 것이다. 이러한 감탄과 칭찬이 있었기 때문에 나는 나 자신을 좀 더 좋아하게 되었고, 자신감도 조용히 커졌다.

평범하고 보잘것없는 모습이 우리가 받아들여야 할 사실이다.

당신과 나 모두 우리가 평범하고 보잘것없다는 것을 잘 알고 있다.

자신감을 심고
뿌리내리게 하라

젊은 시절에는 자신답게 살아가기 위한 노력을 심고 뿌리내리게 해야 한다.

그리고 자신만의 진실한 경험을 지녀야 한다. 힘겹게 발버둥 치는 한편,

자신을 위한 아름다운 시간을 쌓아야 한다는 것을 잊지 마라

사람들이 몰려드는 여름 휴가가 시작되기 전, 큰딸과 작은 딸, 아내를 데리고 수영장에 갔다. 곧 세 돌이 되는 작은딸 마오마오가 난생처음 비키니를 입은 모습은 정말로 사랑스러웠다! 수영장 옆을 지나가던 아저씨, 아주머니들은 모두 한마디씩 했다.

"아이고, 귀여워라!"

두 딸은 튜브를 타고 아내와 함께 물속에서 '공룡이 잡아먹는다!' 게임을 했다. 비명과 커다란 웃음소리가 끊이지 않았다. 옆에 있던 나 역시 드디어 온 가족을 데리고 물놀이에 왔다는 사실에 몹시 즐거웠다.

나는 지금 무엇을 하는 걸까? 나는 지금 '제대로 음미'하는

중이다! 몇 주 전 즐거웠던 시간을 음미하고 있다. 그런데 우리는 어려서부터 '음미'와는 아주 다른 것을 열심히 학습해왔다. 그것은 바로 '반성'이다.

반성은 아동 교육에서 선생님이 아이에게 반드시 가르쳐야 하는 중요한 항목 중 하나다. 왜냐하면 반성할 줄 알아야 잘못을 고치고 발전하며, 개인이 발전해야 국가와 민족의 앞날이 보장되기 때문이다. 다만 '반성'을 너무 잘 학습한 사람은 제대로 '음미'할 줄을 모른다. 그들의 내면의 대화는 이렇다.

'나는 아직 부족해. 아직 고쳐야 할 점이 많아. 완벽한 경지에 도달하기 전까지는 나 자신을 좀 더 채찍질해야 하지 않을까?'

이런 식으로 '반성'을 탄탄하게 학습한 사람은 계속 발전해야 한다는 스트레스와 그림자 속에서 살기 때문에 '음미'하는 법을 모른다. 사실 전통적인 문화 속에서 성장한 사람 중에 반성할 줄 모르는 사람은 거의 없다. 바꿔 말하면 우리는 모두 반성을 꽤 잘한다. 그러니까 어른이 된 후에는 새롭게 '음미'하는 법을 배워도 괜찮지 않을까?

자신감을 심는 문형

음미란 과거를 돌아보며 세세히 곱씹는 것이다. 음미란 다시 한 번 사는 것, 자신이 행복했던 순간에 다시 살면서 아름다운 기억을 되새기고 또다시 미래를 맞이하는 것이다. 전문적인 심리 치료 용어로는 '재경험Re-Experiencing'이라고 한다. 다양한 최면 치료 방법 중에는 명상을 통해 주인공을 과거에 있었던 장면(예를 들면 처음으로 안기거나 격려받았던 장면)으로 돌아가게 이끈 후, 그 경험을 다시 체험하도록 하는 방법이 있다.

음미를 단지 심리 치료 영역에서만 활용한다는 것은 매우 아까운 일이다. 일상생활 속에도 음미할 만한 아름다운 소재는 얼마든지 존재한다. 가정에서도 음미를 활용하기 좋은 때가 두 번 있다. 한 번은 식사할 때고, 또 한 번은 밤에 잠들기 전이다.

내가 발전시킨 음미 어법 중에서 가장 전형적이고 쉽게 활용할 수 있는 것은 바로 "오늘 당신은 언제 행복했나요?"라고 질문하는 것이다. 몇 년 새 나의 어린 두 딸도 이 질문을 할 줄 알게 되었다.

하루는 잠자리에 들기 전, 작은딸 마오마오가 앳된 목소리로 내게 물었다.

"아빠, 아빠는 오늘 언제 행복했어요?"

나는 잠시 생각해보고 나서 대답했다.

"오늘 엄마가 아빠한테 안마해줬을 때 아빠는 너무 행복했어."

옆에 있던 큰딸이 이어서 물었다.

"엄마, 엄마는 오늘 언제 행복했어요?"

아내가 대답했다.

"오늘 엄마가 만든 치킨 스테이크를 너희가 싹싹 다 먹었을 때 행복했어."

나도 이어서 물었다.

"황아난, 너는 오늘 언제 행복했니?"

큰딸이 대답했다.

"오늘 엄마가 어린이집에 데리러 왔을 때, 엄마를 봤을 때 행복했어요!"(매일 물어볼 때마다 거의 똑같은 대답을 하는 걸 보면 이 녀석이 엄마를 얼마나 사랑하는지 알 수 있다)

그러면 작은딸은 어떨까? 황마오마오는 굉장히 쿨해서 다른 사람에게 언제 행복했냐고 질문하는 건 좋아하지만, 정작 자신은 잘 대답하지 않는다.

오늘 당신은 언제 행복했나요?

이 간단한 문형에는 두 가지 측면의 중요한 장점이 있다. 첫 번째 장점은 지속적으로 자신이 살았던 좋은 순간good moment을 기억할 수 있다는 점이다. 눈코 뜰 새 없이 바쁘게 살아갈 때 삶은 아무렇게나 지나간다. 그래서 자신이 아무것도 한 게 없다고 생각하기도 한다. 따라서 우리가 회상을 통해 자신에게도 아름다운 순간이 있었다는 사실을 발견하면, 우리는 자연스럽게 자기 자신을 더욱 좋아하게 된다. 공교롭게도 반복적으로 자기 자신을 더욱 좋아하는 것은 자신감의 중요한 원천이 된다.

만약 곁에 친구나 배우자가 있다면, 함께 서로에게 질문해보자.

당신이 관심을 기울이는 사람에게 이렇게 질문하라.

"너는 오늘 언제 행복했니? 나는 너의 대답이 듣고 싶어."

만약 혼자라면 스스로 묻고 대답하면 된다.

"나는 오늘 언제 행복했지?"

그러고 나서 글로 적는다. SNS(소셜 네트워크 서비스)나 블로그, 또는 일기에 적는 것이다.

이 문형의 두 번째 장점은 주변 사람들이 오늘 언제 행복했는지 알면, 상대방이 가장 좋아하는 순간이 언제인지, 어떤 장면인지를 알 수 있다는 점이다. 그래서 에너지가 있을 때 사랑을 쏟아 그런 순간과 장면을 다시 만들어낼 수 있다. 만약 당신이 SNS나 블로그, 또는 일기에 쓴 글을 친구가 보았다면, 그는 당신이 어떤 사람인지 더욱 깊이 이해할 수 있다. 그리고 바로 이때 또 다른 보너스가 발생한다. 당신이 행복했던 순간을 공유했기 때문에 친구가 당신의 또 다른 모습을 접하고 당신과 더욱 가까워지고 싶어 하는 것이다.

우리는 이런 식으로 음미를 활용할 수 있다. 하루가 거의 다

지나갈 무렵, 곁에 있는 사람에게 질문해보라.

"너는 오늘 언제 행복했니?"

음미를 통해 당신과 나의 가슴을 따뜻하게 만들어 보자.

자신감을 뿌리내리게 하는 문형

그밖에 자신을 더욱 좋아하고 자신감을 가질 수 있도록 하는 방법이 또 있다. 바로 자신이 좋아하는 모습으로 사는 것이다. 다시 말해서 자신이 진정으로 중요하게 생각하는 것을 착실하게 실현하는 것이다.

등산할 때 땀 흘리며 끝까지 해내는 그 느낌을 좋아한다면, 등산화를 신고 당신이 오르고 싶은 산을 등산하라.

편지를 쓰고 싶다면, 탁자 위에 차 한 잔을 올려놓고 조용히 편지 한 통을 쓰라.

노래하고 싶다면, 마음에 드는 청중이나 적당한 장소를 찾아 마음껏 노래 부르라.

경험이나 이야기를 기록하고 싶다면, 눈을 감고 자신의 감상 속에 빠져보라. 그리고 그 느낌대로 문자를 타이핑하라

자기 자신을 좋아하기 위해서는 자신을 더욱 좋아하게 만드는 일을 착실히 해나가야 한다. 사람은 누구나 자신이 무슨 일을 할 때 정말로 행복한지, 자신의 어떤 모습을 좋아하는지 잘 알고 있다. 다만 그 일을 행동으로 옮기는 것이 어려울 뿐이다. 우리는 때때로 내면의 다양한 욕구에 저항해야 한다. 돈에 대한 욕구, 음식에 대한 욕구, 쾌락에 대한 욕구, 자극에 대한 욕구 등등. 이러한 욕구는 종종 우리가 자신을 좋아하게 만드는 일을 선택하는 데서 멀어지게 만든다. 게다가 힘이 무척 세기 때문에 우리를 자신답게 사는 길에서 척박한 황무지로 끌고 갈 수도 있다.

내가 수년간 사용해온 자신감을 뿌리내리게 하는 문형을 함께 연습해 보자.

"오늘 나는 나 자신을 더욱 좋아하기 위해서 무슨 일을 했지?"

이 문형과 비슷하지만 조금 다른 질문법이 하나 더 있다.

"오늘 무슨 일이 있었다면 나는 나 자신을 더욱 좋아하게 됐을까?"

오늘 내가 텔레비전을 조금 덜 봤다면, 나는 나 자신을 좀 더 좋아하게 됐을 거야.

오늘 내가 저녁에 테니스를 치고 달리기를 하면서 땀을 흘렸다면, 나는 나 자신을 좀 더 좋아하게 됐을 거야.

오늘 내가 캣타워 재료를 사서 목공을 시작했다면, 나는 나 자신을 좀 더 좋아하게 됐을 거야.

오늘 내가 딸이 잠들기 전에 그림책을 읽어줬다면, 나는 나 자신을 좀 더 좋아하게 됐을 거야

이런 일들이 일상생활 속에서 매일 지속적으로 일어나면, 자기 자신을 좋아하는 마음이 쌓이고, 하루하루 즐거운 마음으로 자신이 원하는 모습으로 살기 위해 노력하게 된다. 이런 식으로 10년을 살면, 당신은 자신을 좋아할 수밖에 없을 것이다. 조금씩 자기 자신을 받아들이고 칭찬하다 보면 자신을 점점 더 좋아하게 된다. 그러면 자신감이 천천히 나 자신의 일부가 된다.

자신감을 뿌리내리게 하는 문형을 가족이나 친구들과 함께 연습해보자. 옆 사람에게 이렇게 물어보라.

"오늘 너는 너 자신을 더욱 좋아하기 위해서 무슨 일을 했니?"

질문을 받은 사람은 곰곰이 생각해보고 대답해본다. 당신의 컨디션이 좋을 때 깊게 숨을 한 번 내쉬고 조용히 옆 사람에게 질문해보라.

최선을 다해 자신의 인생을 경험하라

어느 날, 한 젊은 여성이 자신은 사랑에 확신이 없다고 말했다. 나는 미소 지으며 그녀를 바라보았다.

"앞으로도 수많은 이야기가 당신을 기다리고 있어요. 모든 만남은 당신이 자기 자신을 좀 더 이해할 수 있도록 해주지요. 물론 당황할 때도 있고, 잘 모를 때도 있고, 확신이 없을 때도 있을 거예요. 하지만 그와 동시에 당신은 스스로 성장하고, 자신의 경험과 이야기를 통해서 자신의 인생이 어떤 모습으로 변화하고, 어떤 사람을 사랑할 수 있는지 알게 될 거예요."

현실 세계에서는 당신이 좋아하고 기뻐하는 일만 일어나지 않는다. 따라서 젊은 시절에는 자신답게 살아가기 위한 노력을 심고 뿌리내리게 해야 한다. 그리고 자신만의 진실한 경험을 지녀야 한다. 힘겹게 발버둥 치는 한편, 자신을 위한 아름다운 시간을 쌓아야 한다는 것을 잊지 마라. 그래야 자신만의 요새에서 외부의 비바람을 맞이할 수 있다.

자신감은 어떤 기준이 아니라 일종의 목표다. 멈추지 않고 일구어낸 산비탈 밭이다. 앞서 소개한 두 개의 문형을 사용해서 자신에게 계속 질문하고, 자신을 좋아하게 만드는 일을 꾸준히 해나가라. 그러다 보면 젊은 당신에게도 남들과는 다른 자신만의 자신감이 자라날 것이다.

인생에 어떤 새로운
가능성을 더할 것인가?

인생의 새로운 가능성은 조그만 변화에 커다란 결심과

두 손에 단단히 쥔 용기를 더해야만 일어날 수 있다.

스티브 잡스는 매일 아침 거울에 비친 자신에게 이렇게 질
문했다.

"오늘이 내 인생의 마지막 날이라도 지금 하려는 일을 할
까?"

만약 며칠 동안 연이어 부정적인 대답이 나온다면, 그것은
자신에게 변화가 필요하다는 뜻이다.

마흔두 살인 나는 애플의 창시자 스티브 잡스가 세상을 떠
난 날 저녁 8시 18분에 조용한 커피숍에 앉아 노트북 스크린을
바라보면서 나 자신에게 스티브 잡스가 했던 질문을 던졌다.

"이봐, 허크. 오늘이 내 인생의 마지막 날이라도 지금 하려는
일을 할 거야?"

오늘 밤 나는 다음 달 외부 훈련에서 사용할 강의 노트를 작

성한 후 집에 가서 작은딸을 재우고, 작은딸이 잠들고 나면 큰딸 옆에 누워서 이야기를 나눌 생각이었다. 두 딸이 모두 깊이 잠들었을 때 운이 좋으면 아내가 내 말벗이 되어 줄 수도 있을 것이다. 그렇게 서로 저녁 인사를 나누고 잠자리에 드는 것이 내 계획이었다.

만약 오늘이 내 인생의 마지막 날이라도 나는 여전히 지금 하려는 일을 할까? 그렇다!

내일은 어떤 일정이 있을까? 내일은 아침 일찍 남부로 가서 상담원 및 사회복지사와 함께하는 '꿈 분석 워크숍'을 진행할 예정이다. 그리고 저녁에는 친한 친구와 맛있는 초밥을 먹은 다음 집에 돌아가 인터넷으로 메일을 확인하고 답장을 쓰고……. 나는 나 자신에게 질문했다. 만약 내일이 내 인생의 마지막 날이라도 지금 하려는 일을 할까? 만약 조금의 변화가 허용된다면 그것은 무엇일까?

나는 이 모든 일을 좋아한다. 설사 내일이 내 인생의 마지막 날이라도 여전히 이 일을 할 것이다. 다만 아주 조금의 변화가 있을 것이다. 바로 인터넷을 하는 시간을 조금 줄이는 것이다. 이 조금이 바로 중요한 핵심이다. 인터넷 하는 시간을 조금 줄이고 남는 시간을 어디에 쓸까? 남는 시간에 나는 조용히 침실에 앉아 깊이 잠든 두 딸을 조금 더 바라볼 것이다.

일상생활 속에서 이러한 '조그만 변화'를 쌓아가다 보면 더

111

욱 아름다운 모습으로 살아갈 기회가 생긴다.

작은 변화에서 인생의 느낌표를 쌓으라

대학교 2학년 스무 살이던 그 해, 나는 우리 반 60명 중에서 전기기계학과 대학원 불합격이 확정된 소수의 학생 중 한 명이었다. 고등학교 시절, 나는 내가 이공계열을 좋아한다고 생각했다. 하지만 그것은 착각이었다. 2년 동안 대학 생활을 하면서 나는 내가 전기기계학을 좋아하지 않고, 제대로 배울 수 있는 능력도 없다고 확신했다. 왜냐하면 아무리 열심히 수업을 듣고, 예습을 하고, 복습을 하고, 문제를 풀어 봐도 양자역학의 수학 공식이 도대체 무슨 의미인지 이해할 수 없었기 때문이다.

나는 어렴풋이 전기공학은 내 평생의 직업이 될 수 없다는 생각이 들었다. 그렇다면 어느 방향으로 걸어가야 할까? 그때 내 마음속에는 물음표가 189개나 있었지만, 느낌표는 단 한 개도 없었다. 바로 이것이 문제였다. 나는 그때 내가 하는 일을 싫어했다. 그렇다면 어디에 내 인생을 걸어야 할까?

숨을 곳도 없이 갈팡질팡하던 그 시절, 대체 어디서 용기와 의지가 생겼는지 일상생활 속에 조그만 변화를 더하기 시작했다. 그중 가장 기억에 남는 일은 심리학 수업을 청강했던 것이다. 대학교 2학년 그 해, 전기기계학과 친구를 따라 텅 빈 눈으로 일반 교실에서 필수 이수 과목인 수사학 수업을 들었다. 수업이 끝난 후 여전히 텅 빈 눈으로 2층 복도에서 수업이 끝난 학생들을 따라 점심을 먹으러 가던 바로 그때, 인생의 전환점이 나타났다.

2층 구석에 있는 그 교실은 무엇 때문인지 수업이 끝난 시간인데도 사람들로 꽉 차 있었다. 교실에는 빈자리가 하나도 없었고, 심지어 창턱까지 사람들이 앉아 있었다. 그 순간 내 눈이 반짝였다.

"무슨 수업이지? 어떤 교수님이기에 자기 잘난 맛에 사는 학생들이 이렇게 열성적인 거지? 이 수업이 그렇게 듣고 싶은가?"

그날 정오의 햇빛이 쏟아져 들어오는 일반 교실에서 처음으로 강단 위의 숭원리 교수님을 보았다(그때 교수님은 대략 마흔 살이 조금 넘었던 것 같다). 그야말로 생기가 넘치는 교수님이었다. 그날부터 내 꿈은 더 이상 과학자가 아니었다. 언젠가 숭 교수님처럼 학생들이 열광하는 강의를 하는 심리학 교수가 되고 싶었다. 이 꿈이 생기자 내 인생에 조그만 느낌표가 하나씩 쌓이기 시작했다.

그 많던 '물음표'가 어떻게 그 후의 인생에서 끊임없는 '느낌표'로 바뀔 수 있었을까?

나는 숭 교수님의 모든 수업을 청강하기 시작했다. 학사 과정의 변태 심리학, 인격 심리학, 종교 심리학, 사랑과 성의 정신분석 등등……. 나는 자주 전기기계학과 교실 뒷문으로 빠져나가 잔디밭 옆 대강당으로 달려갔다. 그리고 슬그머니 뒷문으로 들어가 맨 앞자리 구석까지 비집고 들어가서 두 눈을 빛내며 숭 교수님이 심리 질병의 증상과 발생 원인을 강의하는 것을 들었다.

그해 연말, 나는 학생 상담 센터에서 자원 봉사자로 일하면서 창구에 앉아 교수님들 대신 전화를 받고, 개별 상담 시간을 기재하고, 시험 점수를 계산하고, 성장 단체에 참가하고, 감정 이입에 대해 공부했다. 그렇게 대학교 4학년이 되었을 때 나는 상담원의 신임을 얻어 대학교 1학년 신입생들로 이루어진 성장 단체를 이끌게 되었다. 이렇게 조그만 변화를 시도하면서 조금씩 긍정적인 일들을 배워나갔다. 그러던 어느 날, 충분히 변화를 쌓은 나는 그해 미국 랭킹 1위였던 메릴랜드 대학교 심리상담 연구소에 지원하며 내 꿈을 실현하기 위한 첫걸음을 내디뎠다. 그리고 나중에는 상담 지도 박사 과정까지 공부하면서 이 영역에 전심진력으로 뛰어들었다.

자신감을 꽃피우는 문형

나에게는 조그만 변화를 시도했던 스무 살 때부터 변하지 않는 생각이 하나 있다. 스무 살 초반의 나는 당황하고 무력감을 느낄 때마다 나 자신에게 이렇게 말했다.

"눈물 흘리며 후회할 바에는 땀 흘리며 고생하는 게 나아."

그래서 나는 계속 같은 길만 걷다가 후회할 것 같다는 생각이 들면, 스스로 책임지고 조그만 변화를 만들었다.

자신감을 꽃피우는 문형은 자신에게 이렇게 묻는 것이다.

"내가 바라는 삶은 어떤 모습이지? 나는 인생에 어떤 새로운 가능성을 더할 수 있을까?"

이러한 질문을 던지는 이유는 내가 어떤 능력을 키워야 하는지를 알기 위해서다. 가고 싶은 방향이 있다면, 우선 그 길을 제대로 걸어가기 위한 능력을 키워야 한다. 이렇듯 일상생활 속에서 일어날 수 있는 조그만 변화들은 인생에 새로운 가능성을 더해줄 수 있다.

나와 오래 알고 지낸 친구들은 내가 불평을 거의 하지 않는다는 사실을 알고 있다. 불평할 시간에 나 자신을 변화시키고 조그만 변화를 만든다. 인생의 새로운 가능성은 갑자기 생겨나지 않는다. 새로운 가능성은 조그만 변화에 커다란 결심과 두 손에 단단히 쥔 용기를 더해야만 일어날 수 있다. 텔레비전의 광고 대사로 한번 마무리해보자.

"안 해도 어떻게 되는 건 아니지만, 하면 매우 달라진다!"

사랑받으면
제대로 성장할 수 있다

우리는 좋아하는 사람에게 둘러싸여 있을 때 다양한 가능성을 시도하고,

마음 편히 자신답게 살 수 있다. 우리는 마음 편히 자신답게 살 때만

독특함을 찾고 아름다움을 꽃피울 수 있다.

사랑받는 것이 왜 중요한가?

스물한 살 때부터 끊임없이 성장 단체, 훈련 단체, 지원 단체 등 서로 다른 수십 개의 단체에 참가하면서 한 가지 사실을 발견했다. 내가 어떤 단체에 지속해서 참여하는 이유는 그 단체 안에 나를 좋아해 주는 사람이 있거나 내가 정말로 보고 싶어 하는 사람이 있기 때문이라는 것이다. 만약 그 단체의 대부분 사람이 나를 별로 좋아하지 않는다거나 내가 대부분의 사람을 좋아하지 않는다면, 더 이상 그 단체에 참여하지 않는다. 그래서 나는 단체 안에는 소위 말하는 집단역학 이전에 더욱 기본적인 것이 존재한다는 대담한 가설을 내놓았다. 그것은 바로

117

'호감'이다.

사람은 자신을 좋아해 주는 사람이 있을 때 그 단체에 기꺼이 참여하면서 계속 사랑받기를 원한다.

우리는 다른 사람에게 억지로 휴지를 줍게 하거나 그릇을 깨끗이 설거지하게 하거나 마른 옷을 분류하고 개키게 할 수 있다. 그러나 다른 사람에게 우리를 좋아하라고 강요할 수는 없다.

사람은 왜 사랑받아야 할까? 그 이유는 좋아하는 사람들에게 둘러싸여 있을 때 다양한 가능성을 시도하고, 마음 편히 자신답게 살 수 있기 때문이다. 우리는 마음 편히 자신답게 살 때만 독특함을 찾고 아름다움을 꽃피울 수 있다. 이것은 세상에 둘도 없이 귀중한 일이다.

사실 우리는 유치원에서부터, 또는 태어나면서부터 사랑받기 위해 열심히 노력한다. 사티어는 우리가 생존을 위해 몇 가지 고정된 태도를 학습한다고 말했다.

어떤 사람은 "얌전히 말을 잘 들어야만 사랑받을 수 있어"라고 학습한다.

어떤 사람은 "열심히 노력하면 사랑받을 수 있어"라고 학습한다.

어떤 사람은 "재치와 유머가 있으면 사랑받을 수 있을 거야"

라고 학습한다.

어떤 사람은 "친절하고 부드러워지면 사랑받을 수 있어"라고 학습한다.

어떤 사람은 "나는 반드시 책임을 다해야 해. 그래야만 사랑받을 수 있어"라고 학습한다.

어떤 사람은 "나는 반드시 아껴서 살아야 해. 그래야만 사랑받을 수 있어"라고 학습한다.

그런데 아이러니하게도 어른이 되고 나면 이렇게 힘들게 학습한 '사랑받는' 능력과 특징이 별로 쓸모가 없다는 사실을 깨닫게 된다.

그러니 어른이 되고 나면 다시 한 번 새롭게 질문을 던져야 한다.

"삶의 지금 이 순간, 주변 사람들이 나를 진심으로 사랑하게 만드는 나의 능력과 특징은 무엇일까?"

지금부터 좀 더 정밀한 현미경을 사용해서 이 별것 아닌 듯 보이지만 사실은 매우 중요한 인생의 명제에 대해 알아보자.

자신의 세계에 머무르기, 타인의 세계에 들어가기

많은 사람이 나를 좋아한다. 심지어 몇몇 사람들은 나를 열렬히 사랑한다. 하지만 일부 사람들은 나를 좋아하지 않는다. 어떤 사람은 나를 멀리멀리 밀쳐낸다. 나는 나를 싫어하는 사람들이 내 어떤 점을 싫어하는지 잘 알고 있다. 서른 살 이전의 나는 내가 가장 잘났다고, 나만 옳다고 생각했다. 그리고 항상 고개를 숙이고 내 장점에만 주의를 기울이면서 남들이 내 장점을 알아봐 주지 않는다고 불평했다.

서른네 살 때 신주 사회봉사센터 2층에서 열린 단체 NLPNeuro Linguistic Programming, 신경 언어 프로그래밍의 약자 워크숍에서 어떤 의사와 한 조가 되어 조별 활동을 하게 되었다. 그 의사는 자주 목이 쑤시고 아프다고 했는데 그의 행동을 보니 왜 그러는지 이해가 갔다. 그는 언제나 고개를 들어 남들이 필요로 하는 것을 보고, 열심히 그들을 돌보았다. 항상 고개를 들고 있는 자세가 통증을 유발한 것이다.

그때 나는 속으로 매우 놀랐다. 왜냐하면 나도 자주 목이 아프고 어깨가 쑤셨지만, 그 원인이 그와 정반대였기 때문이다. 나는 언제나 고개를 숙여 나 자신이 필요로 하는 것을 보느라 다른 사람을 보지 못했다. 내가 나 자신을 보느라 너무 자주 고개를 숙이는 바람에 자세가 그대로 고정되어 버렸고, 이것이

통증을 유발한 것이었다. 나는 나를 싫어하는 사람들이 왜 나를 멀리 밀쳐내고 싶어 하는지 이해하게 되었다. 근본적인 원인은 내가 나 자신의 세계에 살기 때문이었다.

위의 경험으로 얻은 반성과 십 수년간의 전문적인 심리 치료 경험을 통해서 나는 한 가지 사실을 발견했다. 바로 '자신의 세계'와 '눈앞에 있는 사람의 세계'에 머무는 비율이 다른 사람이 나를 좋아하거나 싫어하게 만드는 중요한 요소 중 하나라는 것이다. 자신의 세계에 너무 오래 머무르면 눈앞에 있는 사람이 보이지 않는다. 그래서 다른 사람은 당신의 선의를 느낄 수 없다. 반대로 시선이 항상 눈앞에 있는 사람만 향하고 자기 자신을 보지 못한다면 당신은 그저 '착한 사람'이라는 호칭만 얻을 뿐이다.

따라서 가끔은 자신의 세계에 머물고, 가끔은 타인의 세계에 들어가야 한다. 7:3이나 6:4, 또는 바꿔서 4:6이나 3:7 모두 괜찮은 비율이다. 핵심은 양쪽에 모두 머물러야 한다는 것이다. 마치 연애를 할 때 항상 상대방이 당신을 쫓아다니게 하면 안 되고, 가끔은 당신도 주동적으로 상대방에게 다가가야 하는 것과 같다.

우리는 '자신의 내면세계'에 머무르며 자기 자신을 아끼고, 칭찬하고, 채찍질하고, 즐겁게 만드는 한편 가끔은 다른 사람을 자신의 세계에 들어오게 해야 한다. 그래야 쓸쓸함과 외로움을 덜어낼 수 있다. 그리고 이와 동시에 다른 사람이 자기 내면의 섬세함과 연약함을 느끼게 해야 한다. 그래야 적절한 때에 다른 사람의 사랑을 받아들일 수 있다. 다른 사람의 사랑을 받아들이는 일은 자신에게 도움이 될 뿐만 아니라 상대방에게도 "내가 쓸모가 있구나!"라는 느낌을 준다.

그런데 만약 계속해서 자신의 세계에만 머물며 다른 사람이 와서 돌봐주기를 기다린다면, 당신의 부정적인 에너지가 주변 사람들에게 전염된다. 이렇게 되면 주변 사람들은 완전히 지쳐서 당신을 좋아하기가 무척 힘들어진다. 그들은 부정적인 에너지에 무너지지 않기 위해서 당신을 떠나거나 당신과 거리를 둘 것이다. 따라서 우리는 적절한 때에 눈을 뜨고 발을 들어 타인의 세계에 들어가야 한다. 우리의 시선이 '눈앞에 있는 사람의 내면세계'에 머물 때 또 다른 세계의 풍경을 보고 관심과 애정을 쏟으며 상대방에게 필요한 도움을 줄 수 있는 기회가 생긴다.

눈앞에 있는 사람에게 관심을 갖고 "요새 잘 지내?", "오늘 언제 가장 행복했어?"라고 질문할 때 우리는 자연스럽게 타인의 내면세계로 미끄러져 들어간다. 우리가 스스로 "나 요즘 왜 이렇게 불안하지?", "내가 무슨 일을 해야 마음의 평화를 찾을 수 있을까?"라고 질문할 때 우리는 자신을 제대로 돌볼 수 있다.

고개를 숙여 자신을 바라보고, 고개를 들어 타인을 바라보라.

그러면 목도 지금처럼 아프지 않고, 점차 사람들에게 사랑받게 될 것이다.

솔직하게 자신을 드러내도
사랑받을 수 있을까?

나쁜 일은 빼고 좋은 일만 알리는 사람은 진실하지 않다. 좋은 일은 빼고

나쁜 일만 알리면서 온종일 자신의 괴로움만 호소하는 사람도 사랑스럽지 않다.

'좋은 상태'와 '나쁜 상태'를 동시에 드러내라.

좋은 일과 나쁜 일을 모두 알리는 것이 사랑스러움의 중요한 기초다

상담 치료에 종사하는 후배에게 종종 이런 질문을 받는다.

"허크, 왜 어떤 사람은 사랑스럽고 어떤 사람은 사랑스럽지
않은 걸까요? 사랑스럽고 사랑스럽지 않은 건 대체 무엇 때문
일까요?"

오랫동안 사람들을 만나는 일을 하다 보면 사랑스러운 사람
을 만날 기회가 많다. 그리고 동시에 전혀 사랑스럽지 않은 사
람도 만나게 된다. 나는 사람이 어려운 환경이나 해결하기 힘
든 문제 속에서 살다 보면 끊임없이 나쁜 일만 이야기한다는
사실을 발견했다. 물론 나쁜 일은 빼고 좋은 일만 알리는 것도
진실하지 않다.

당신이 만약 처음부터 끝까지 나쁜 일만 이야기한다면 그걸 듣는 사람들은 에너지가 빼앗기는 기분을 느낄 것이다. 그래서 당신을 사랑스럽다고 생각하거나 당신을 자연스럽게 좋아하기가 힘들어진다. 이와 반대로 좋은 일만 알리는 사람은 가식적이고 진실하지 않기 때문에 사람들의 사랑을 받기가 힘들다(남들은 당신을 팔자 좋은 사람이라고 생각할 뿐이다).

예를 하나 들어보자. 만약 내가 블로그에 글을 쓸 때마다 "아빠라서 너무 행복해. 교수라서 너무 즐거워!"라고 적는다면, 내 글을 읽는 사람은 분명히 나를 싫어하고 불쾌함을 느낄 것이다. 왜일까? 그 이유는 진실하지 않기 때문이다! 진실한 나는 즐거움과 행복만 느끼지 않는다. 즐거움과 행복은 좋은 일과 나쁜 일이 반반인 진짜 인생의 작은 일부일 뿐이다. 거짓되고 진실하지 않기 때문에 사랑스럽지 않은 것이다.

그러므로 나쁜 일은 빼고 좋은 일만 알리는 사람은 사랑스럽지 않다. 좋은 일은 빼고 나쁜 일만 알리면서 온종일 자신의 괴로움만 호소하는 사람도 사랑스럽지 않다. 그러면 어떻게 해야 할까? 이론적으로는 매우 간단하다. '좋은 상태'와 '나쁜 상태'가 공존하는 것을 드러내면 된다. 나는 이렇게 '좋은 일과 나쁜 일을 모두 알리는 것'이 사랑스러움의 중요한 기초라고 생각한다.

정리해서 말하면 비법은 자신의 마음을 감지할 때 너무 과대평가하지도, 과소평가하지도 않는 것이다. 좋은 일과 나쁜 일을 모두 알리는 것은 스스로 행동과 언어를 다루는 일이다. 어쩌면 당신은 앞에서 이미 중요한 단어인 '과'를 눈치챘을지도 모른다. 이 중요한 단어를 영어로 하면 AND이다. AND가 있다는 것은 이것이 일상생활에서 연습할 수 있는 공존 문형이라는 뜻이다.

진실해야 사람답다

어떤 식으로 좋은 일과 나쁜 일을 모두 알려야 할까? 예를 들면 나는 이런 식으로 나 자신을 드러낸다.

"맞아, 나는 아빠로서 네 식구를 돌보느라 때때로 너무 힘들어. 맞아, 나는 두 딸을 바라볼 때마다 말할 수 없는 애정과 행복을 느껴. 맞아, 나는 사실 가끔 내가 가정의 경제적 지주라는 사실이 너무 부담스러워. 맞아, 나는 1인용 자전거를 타고 자유를 누리던 내 모습이 그리워."

당신이 자주 방문하는 블로그나 SNS를 한번 생각해 보자. 당신의 눈살을 찌푸리게 만드는 것은 무엇인가? 이번에는 또 무슨 이야기를 썼을지 기대되는 것은 무엇인가? 만약 친구가 자신의 괴로움과 어려움을 기록했다면, 당신은 나중에 친구의 노력과 집념을 증명할 수 있다. 만약 친구가 자신의 웃음과 즐거움을 기록했다면, 당신은 친구와 함께 아름다운 순간을 공유할 수 있다. 만약 친구가 미지에 대한 방황과 바람을 올렸다면, 당신의 마음속에 남몰래 이런 목소리가 울려 퍼질지도 모른다. '알고 보니 이 친구도 나와 똑같이 무력감을 느낄 때가 있구나!' 이렇게 해서 우리는 진실한 사람에게 가까이 다가가게 된다. 진실한 사람은 참으로 사랑스럽다.

얼마 전 이 책의 출판이 확정되자 며칠 동안 마음이 무척 불안했다. 하지만 그 이유는 설명할 수가 없었다. 그때 마침 나와 의형제를 맺은 친구 진두에게서 전화가 걸려왔다. 나는 그와 이야기를 나누면서 마음속 근심을 털어놓았다.

"어떻게 이럴 수가 있지? 좋은 글을 그렇게 많이 써놓았는데, 막상 책을 낸다고 하니까 걱정이 밀려오는 거야. 내가 쓴 글이 부족할까 봐 두렵기도 하고. 내가 왜 이러는 걸까?"

재미있게도 친구는 나를 위로해 주려는 기색은 조금도 없이 전화 반대편에서 웃으며 이렇게 말했다.

"걱정하는 건 좋은 거야! 그래야 사람답지!"

나는 "걱정하는 건 좋은 거야! 그래야 사람답지!"라는 말에 큰 충격을 받았다. 전화를 끊고 나서 나는 마음을 진정시켰다. 머릿속에는 "그래야 사람답지!"라는 친구의 말이 맴돌았다. 그렇다. 이것이 바로 핵심이다. 이렇듯 진실한 모습, 기쁘고 즐겁고 걱정하고 두려워하는 모습이 있어야 사람다운 것이다.

친애하는 여러분. 여러분은 어떤가? 당신의 어떤 모습이 "그래야 사람답지"라는 말을 듣고 친구들에게 드러나기를 기다리고 있는가? 여기까지 읽었다면 두 눈을 감고 마음의 소리를 한번 들어보자. 좋은 일과 나쁜 일을 모두 알리는 '사람다운' 자신이 지금 모습을 드러내고 있을지도 모른다.

자신감을 공급하는
좋은 친구를 찾으라

친구와 친밀한 정도를 구분하면 자신의 에너지를 잘 분배해서

인간관계의 주도권을 가져올 수 있다.

좋은 일과 나쁜 일을 모두 알리는 것 외에도 사랑받을 수 있는 비법이 하나 더 있다. 바로 사람들과 적당한 거리를 유지하는 것이다.

젊은 대학생들이 나를 찾아와 하소연하는 내용은 주로 사랑의 번뇌 아니면 인간관계 문제다.

"선생님, 원래 저희는 다 같이 재미있게 어울렸어요. 그런데 대학교 3학년이 되니까 몇몇 친구들이 갑자기 소원해졌어요. 왜 그런 걸까요?"

"선생님, 룸메이트와 말다툼을 했어요. 룸메이트는 이제 저와 한마디도 하지 않아요. 어떡하죠?"

인간관계에 문제가 발생하게 된 데는 당신과 나와 그에게 모두 원인이 있다. 그중에서 유일하게 자신이 통제할 수 있는

것은 바로 자신과 타인 사이의 거리다.

  신체적인 거리는 인간관계에서 주의해야 할 기본 능력이다. 거리가 너무 가까우면 상대방은 당신을 방어하고, 피하고 싶어 한다. 당신이 그가 안전함을 느끼는 경계선을 침범했기 때문이다. 반대로 거리가 너무 멀면 상대방은 당신의 선의를 볼 수도, 들을 수도 없다. 이는 무척 안타까운 일이다.

  내 친한 친구 한 명은 쌍꺼풀이 없는 수수한 얼굴에 언제나 말수가 적고 조용하다. 그녀는 내가 아는 사람 중에서 얼굴이 가장 빨리 빨개진다. 1초 만에 얼굴 전체가 빨개질 정도다. 나는 그녀가 조용하기 때문에 경청할 줄 알고, 다른 사람의 괴로운 슬픔이나 즐거운 농담을 들을 수 있다고 생각한다. 때때로 친구들과 함께 수다를 떨다가 내가 썰렁한 농담을 던져도 그녀는 언제나 가장 먼저 크게 웃어준다. 나는 자주 이렇게 말한다. 어떤 사람은 유머가 있기 때문에 사람들이 좋아하지만, 어떤 사람은 다른 사람의 유머를 감상할 줄 알기 때문에 사람들이 좋아한다고 말이다. 그녀는 들을 줄 알고, 웃을 줄 알고, 기꺼이 웃는다. 편안한 거리에서 선의와 친밀함을 전달하는 것이다. 이 편안한 거리는 우리가 눈빛으로 친구에게 다가가기에 딱 알맞은 거리다. 마음을 열고 눈앞에 있는 사람의 감정을 받아들일 수 있을 정도로, 너무 멀지도 가깝지도 않다. 이러한 거리와 태도를 심리학에서는 '침범 없이 함께 있는 것company without intrusion'이라고 부른다. 이 말은 타인에게 가까이 다가가서 함께한다는 느낌은 있지만, 동시에 명확한 요청 없이는 상대방의 안전망을 침범하지 않는다는 뜻이다.

사람과 사람 사이의 편안한 거리

인간관계의 거리는 신체적인 거리와 심리적인 거리를 포함한다. 신체적인 거리는 쉽게 이해할 수 있다. 진정한 친밀감이 없는 상태에서 상대방에게 너무 가까이 다가가면 상대방은 불편함을 느낀다. 따라서 이럴 때는 거리를 조정해야 한다. 심리학자 홀Hall의 연구에 따르면 인간관계의 거리에는 아래의 몇 가지 종류가 있다.

친밀한 거리: 약 50cm로 한 팔 정도의 거리다. 타인을 50cm 이내로 접근하게 하는 것은 그가 친밀한 공간으로 들어오는 것을 허락한다는 의미다.

개인적 거리: 50cm~125cm. 부부나 연인은 공공장소에서 종종 개인적 거리를 유지한다.

사회적 거리: 2m 내외. 동료 사이 또는 판매원과 고객이 대화할 때 주로 사회적 거리를 유지한다.

일상생활에서 만나는 많은 사람이 타인과 편안한 거리를 유지하는 것을 어려워한다. 어떤 사람들은 타인에게 다가가는 방법을 모른다. 거절당하는 것이 두려워서 타인과 거리를 두기 때문에 외로움은 점점 쌓여간다. 그러다가 타인과 가까워질 기회가 생기면 그들은 온몸을 던져 상대방에게 달라붙는다. 이렇게 되면 사람들에게 사랑받는 일은 더욱 어려워질 수밖에 없다.

타인과 먼 거리를 유지하려는 이유는 대체로 자기 자신을 믿지 못하기 때문이다. 자신이 충분히 훌륭하다는 것을 믿지 않고, 자신이 다른 사람의 사랑을 받을 만한 가치가 있다는 것을 믿지 않기 때문에 멀리 숨어버리는 것이다. 이런 사람은 설사 다른 사람이 가까이 다가가려고 해도 곁을 내주지 않는다. 한편 이와 정반대로 온몸을 던져 상대방에게 달라붙으면, 상대방은 겁에 질린다. 달려들고 달라붙으면 균형을 잃기 때문이다. 어쩌면 상대방은 겁에 질려 순식간에 숨어버릴지도 모른다. 이렇게 되면 또다시 "맞아, 난 정말로 사랑받을 가치가 없어"라는 믿음만 더욱 강해진다. 그리고 어쩔 수 없이 사람들에게서 멀리 떨어져 홀로 외로워하는 상태로 되돌아간다.

그러면 어떻게 해야 할까? 조용히, 진심을 다해 주변 사람이 말하는 것을 들어 보라. 자신의 부족함을 걱정하는 대신, 때때로 얼굴을 앞으로 내밀고(50㎝의 친밀한 거리를 침범하지 않도록 주의하라) 조금 더 가까이 다가가 눈앞에 있는 사람에게 진심으로 관심을 기울이라. 이렇게 걱정을 내려놓고 관심을 전달하면 상대방은 차츰 당신을 좋아하게 될 것이다.

친구와 친밀한 정도를 구분하는 분류 시스템

학생들을 상담하면서 상당히 실용적인 '빨주노초 분류 시스템'을 개발했다.

젊은 친구들은 2, 30대가 되면 문득 자신의 친구 목록이 단시간에 '대규모 교체'되는 현상을 발견한다. 대학교 2학년에서 3학년으로 올라가는 여름방학이 끝난 후, 또는 애인과 이별한 후, 친했던 친구들과 별안간 관계가 서먹해진다. 어쩌면 이직을 하거나 이사를 했기 때문일 수도 있다. 갑작스러운 변화가 생기는 이때 공허함에 빠져있는 대신 자신의 빨주노초 시스템을 한번 점검해보라.

빨간색: 가장 열정적이고 가슴 뛰는 색깔. '절친한 친구'를 상징

한다. 속마음을 이야기할 수 있는 친구, 새벽 3시에 우울하다고 전화가 와도 기꺼이 잠자리에서 일어나 대화를 나눌 수 있는 절친한 친구다. 누가 빨간색 친구인지 알아보려면 이렇게 질문해 보라.

"내가 아파서 입원했을 때 누가 문병을 와서 나와 함께 있어 주면 좋을까?"

주황색: 따뜻하고 편안한 색깔. '친밀한 친구'를 상징한다. 만나면 즐겁고, 대화하면 안심이 되는 친구다. 누가 주황색 친구인지 알아보려면 이렇게 질문해 보라.

"나는 누구와 대화할 때 마음이 놓이고 나 자신을 좋아하는 기분이 들지?"

노란색: 가볍고 유쾌한 색깔. '어느 정도 가까운 친구'를 상징한다. 누가 노란색 친구인지 알아보려면 이렇게 질문해 보라.

"심심해서 쇼핑하고 싶을 때, 재미있는 일을 하고 싶을 때 누구에게 전화를 걸어 약속을 잡으면 좋을까?"

초록색: 머나먼 초원의 색깔. '알고 지내지만 친하지 않은 친구'를 상징한다. 아직 상대방이 진짜 친구인지 아닌지 지켜보

는 상태로, 인사만 나누는 사이다.

인간관계의 주도권을 획득하라

샤오위는 내가 무척 아끼는 학생이다. 그녀는 직접 손으로 작은 성을 그려서 매우 생동감 있게 빨주노초 분류 시스템을 표현했다. 머나먼 초록색 초원에서 가슴 뛰는 빨간색 성에 들어가려면 울타리와 성 주변의 해자, 그리고 성벽 대문을 거쳐야 한다. 빨주노초 시스템으로 친밀한 정도를 구분하면 자신의 에너지를 잘 분배해서 인간관계의 주도권을 가져올 수 있다. 당신은 누구에게 좀 더 예의를 갖추고 거리를 둘 것인지 선택할 수 있다. 누구에게 좀 더 사랑을 주고 가까워질 것인지도 선택할 수 있다. 친밀한 정도를 구분할 수 있기 때문에 집중적으로 에너지를 쏟아붓는 것이 가능하다.

나는 상담원으로서 학생들을 도울 때 눈앞에서 인간관계 때문에 힘들어하는 학생에게 종종 이렇게 질문한다.

"노란색에서 주황색으로 옮기고 싶은 친구가 있니? 무슨 일을 해서 옮기고 싶니?"

"자리를 옮기고 싶은 친구가 있니? 주황색이나 빨간색으로 옮기고 싶니? 아니면 초록색이나 노란색으로 옮기고 싶니?"

"울타리 밖으로 옮길 때가 됐다고 생각하는 친구가 있니?"

또 다른 각도에서 생각해 보자. 우리는 누군가의 세계에 들어가고 싶을 때 일반적으로 머나먼 초원에서 시작해서 천천히 성을 향해 걸어간다. 낙하산을 타고 성에 들어가는 일은 거의 일어나지 않는다. 우리가 상대방의 생각과 감정(두려움, 끌림, 분투, 공허함, 긴장)을 진심으로 이해하고 상대방도 우리가 자신을 이해했다는 사실을 알게 되었을 때, 그러니까 가장 기본적인 감정이입에 성공했을 때 우리는 비로소 초원의 울타리를 넘을 기회를 얻는다.

울타리를 넘으면 그다음에는 비교적 난이도가 높은 성 주변의 해자가 기다리고 있다. 해자를 건너기 위해서는 사실 별다른 비법이 없다. 신뢰와 안전감은 인생의 상호작용에 의해서만 존재하기 때문에 시간과 노력을 들여 친구와 함께 다양한 빨간색 감정을 겪어야 한다. 그러므로 자유롭게 성을 드나들 수 있는 오래된 친구는 정말로 소중한 존재다. 한편 새로운 친구 역시 앞으로의 인생에서 여러 가지 이야기가 펼쳐진 후에는 정말로 오래된 친구가 될 수 있다.

자신에게 자양분을 공급하는
동력을 만들라

사람들이 함께 어울리기 위해서는 먼저 서로를 두려워하면 안 된다.

두려워하지 않기 위해서는 먼저 서로를 이해해야 한다.

이해하기 위해서는 먼저 서로 소통해야 한다.

접촉을 시작하면 소통의 가능성이 생긴다.

현실치료의 대가 윌리엄 글래서William Glasser는 매우 영향력 있는 관점을 내놓았다. 그는 사람의 심리 문제는 대부분 '관계'와 상관있다고 생각했다. 이 관점 뒤의 논리는 이렇다. 만약 어떤 사람이 친밀한 관계를 갖는 것에 어려움을 느낀다면, 그에게는 심리 문제가 나타날 가능성이 높다는 것이다. 이 관점에 동의한다. 각도를 조금 바꿔서 말해보자. 나는 건강하고 행복한 사람들을 자주 만난다. 그들에게는 한 가지 공통점이 있는데, 바로 파트너와 친밀한 관계를 맺고, 친구들과 편안한 관계를 맺는다는 것이다.

중요한 것은 어떻게 해야 사람들과 가까워질 수 있느냐.

나에게는 한 가지 노하우가 있다. 바로 '접촉의 시작'이라고 부르는 간단한 행동지침인데, 여러분도 한번 참고해보기 바란다.

전기기계학과에 다니던 열아홉 살 때 공부를 잘하는 몇몇 아이들과 함께 모여 다녔다. 그런데 우리는 모두 공부는 잘했지만 데이트를 하는 데는 몹시 서툴렀다. 가장 기억에 남는 일은 여학생과 이야기하고 밥을 먹으며 데이트를 해도, 그게 세 번을 못 간다는 것이었다. 첫 번째와 두 번째는 데이트 약속을 잡는 데 성공했다. 하지만 두 번째 데이트 이후로는 전화를 걸어 봐도, 여학생 숙소 앞에서 기다려 봐도, 세 번째 데이트 약속을 잡을 수가 없었다.

그러던 어느 날, 호숫가에서 대화가 잘 통하는 수학 연구소 선배를 만났다. 나는 그녀에게 여학생과 대화하는 방법에 대해 물었다. 내 고민을 들은 선배는 굉장히 수준 높은 진단을 내렸다. 그녀는 이렇게 말했다.

"후배야, 너는 질문을 할 줄 몰라."

그런가? 열아홉 살의 나는 농담은 잘했지만 질문은 할 줄 몰랐다. 그렇다! 열아홉 살의 나는 그때부터 여학생과 대화하는 방법과 주동적으로 질문하는 방법, 그리고 바보 같지만, 성의 있는 질문을 던지는 방법을 열심히 공부하기 시작했다.

"와! 너는 머리카락에서 정말 좋은 향기가 나는구나! 어느 브랜드의 샴푸를 쓰니?"

"편지를 정말 많이 받았구나! 너한테 편지 쓰는 친구들이 어쩜 그렇게 많니?"(그때는 아직 이메일이 없던 시대라서 다들 진짜 손편지를 썼다.)

상대방에게 궁금증을 갖고 질문을 하는 것은 접촉의 중요한 시작이다.

사람과의 접촉을 시작하라

며칠 전 중고 DVD를 사서 옛날 영화를 감상했다. 나는 감동적인 영화를 반복해서 보는 것을 좋아한다. 매번 볼 때마다 감동을 한 번 더 느끼고, 아름다움을 한 번 더 음미할 수 있기 때문이다. 영화에는 타나카 치에가 일본 가수 아타리 고스케를 마중 나가 함께 버스에 타는 장면이 나온다. 아타리 고스케는 버스 뒷좌석에서 휴대폰으로 타나카 치에의 쓸쓸한 옆모습을 찍는다. 그리고 휴대폰 화면을 타나카 치에의 눈앞으로 가져가며 부드럽게 묻는다.

"뭘 그렇게 걱정해요?"

나는 이 부드러운 말에 감동했다. 방금 공항에서 만난 두 사람이 이 부드럽고 관심 어린 말 때문에 가까워질 기회를 얻었기 때문이다.

나는 열아홉 살이 되어서야 질문을 통해 사람들과 접촉하는 법을 배우기 시작했다. 그런데 우리 집 큰딸과 작은딸은 어디서 배웠는지, 세 살 때 벌써 이 방법을 익혔다.

어느 날, 친구들과 합동으로 워크숍을 진행하고 학교 근처에 있는 작은 식당에서 피자를 먹었다. 우리는 맛있는 음식을 실컷 먹으면서 이틀 동안 있었던 일들과 감상을 신나게 떠들었다. 당시 세 살이던 큰딸 황아난은 한쪽에서 여기저기 손을 더듬으며 나에게 기댔다가 피자를 먹다가 하더니, 별안간 주동적으로 우리 이야기에 끼어들었다.

큰딸은 테이블 다리 위에 서서 우리가 열렬하게 이야기하는 빈틈을 타(강사들끼리 모여 이야기할 때 빈틈이 있기란 쉽지 않다) 매우 수준 높은 감탄사로 운을 떼더니, 순식간에 모두와 접촉하기 시작했다. 큰딸은 말소리를 높여 아저씨와 아주머니들에게 말했다.

"저기요, 과학박물관에 가본 적 있어요?"

조금 전까지 격렬하게 이야기하던 자리가 순식간에 조용해졌다. 어린 여자아이가 주동적으로 우리 이야기에 참여했기 때문이다. 놀라움에 약 5초 정도의 침묵이 흐른 후, 전문 심리치료사들은 너 나 할 것 없이 성의 있게 큰딸의 질문에 대답했다.

"그래! 우리도 가봤어. 너는 과학박물관을 좋아하니?"

큰딸은 3초 정도 생각하더니 또 다른 질문을 던졌다.

"그러면 아저씨 아줌마는 불합격한 적 있어요?"

이번에는 다들 어떻게 대답해야 할지 몰라 쩔쩔맸다. 학교 다닐 때 언제나 모범생이었던 치탕 아저씨에게 불합격한 경험이 어디 있겠는가! 다행히 영국 연구소에서 공부하다 그만둔 바오루 아줌마는 불합격한 경험이 있었다. 그녀는 그 자리에 그런 남다른 경험을 한 사람이 자기밖에 없다는 사실을 깨닫고 매우 적극적으로 대답했다.

"있어. 바오루 아줌마는 학교 다닐 때 불합격한 적이 있어."

나는 옆에서 그만 웃음이 터져 나왔다.

"황아난은 너희들이 불에 덴 적이 있는지 물어본 거야. 이틀 전에 자기가 오토바이 배기관에 뎄거든!"(큰딸의 중국(중국어로 '불합격하다被当'와 '데다被烫'는 발음이 비슷하다어는 아직 깜찍한 수준에 머물러서 매번 "내가 볼 거야"라는 말을 "내가 건배할 거야"라고 말한다중국어로 '보다看'와 '(잔을)비우다干'는 발음이 비슷하다)

이제는 다들 대답할 수 있게 되었다. 타이완에서 자란 사람 치고 누가 오토바이 배기관에 덴 경험이 없겠는가? 아저씨 아줌마들은 또다시 신이 나서 대답했다.

"있어, 있어. 나도 덴 적 있어."

이렇게 해서 한쪽 구석에서 심심해하던 어린 여자아이는 순식간에 그 자리에 있던 모든 사람과 연결고리를 갖게 되었다.

질문 하나가 접촉을 일으키고 심지어 작은 친밀감을 창조했다. 큰딸 황아난이 한 것이 바로 '접촉의 시작'이다.

접촉을 시작하는 일은 어른이 되고 나면 점점 더 어려워진다. 왜냐하면 수많은 좌절의 경험이 우리에게 "됐어, 적극적으로 행동하지 마. 안 그러면 또다시 좌절하고 괴로워질 거야"라고 말하기 때문이다. 그러나 주동적으로 접촉을 시작하지 않으면 사람들과 관계를 맺을 가능성이 사라진다. 접촉의 시작이 좌절로 끝날 수도 있다. 반대로 가까워질 기회를 가져올 수도 있다. 나는 이렇게 생각한다.

"에라, 모르겠다. 여러 번 시도하다 보면 언젠가 한두 번은 가까워질 기회가 있겠지."

사티어는 이렇게 말했다.

"꿈꾸는 것을 두려워하지 마라. 여러 개의 꿈을 꾸다 보면 실수로라도 몇 가지 꿈은 이루어진다."

나는 이런 마음으로 사람들과 접촉하기 시작한다.

행동으로 접촉을 시작하고, 친밀해질 가능성을 열라

어느 날 일요일 아침, 방금 마카오에서 일을 마치고 돌아온

나는 집에서 푹 쉬고 싶었다. 내가 간만에 일요일에 일하러 나가지 않고 집에 있자, 가장 신이 난 사람은 큰딸 황아난이었다. 그날 나는 즉흥적으로 테니스 채를 가지고 침실에 '인디언 인형 볼링장'을 만들었다. 그리고 테니스공을 굴려서 장난감 인형과 동물들을 맞췄다. 손발이 민첩한 큰딸은 실력이 대단했다. 우리 부녀는 신나게 놀이를 즐겼다.

놀이는 오후 1시까지 계속됐다. 세 살짜리 딸은 지치지 않았지만 마흔 살이 넘은 나는 진작 녹초가 되어 있었다.

"아빠 힘들어. 이제 쉴 거야!"

큰딸은 물론 동의하지 않았다. 나는 하는 수 없이 했던 말을 다시 한 번 반복했다. 그리고 몸을 일으켜 주방으로 들어가 물을 한 잔 따라 마셨다.

물을 다 마시고 돌아서니 큰딸이 내 옆에 와 있었다. 큰딸은 내 손을 당기며 침실로 데려갔다. 그러고는 베개가 잘 정돈된 침대를 가리키며 말했다.

"아빠, 내가 불 껐어. 베개도 잘 정리했어. 이제 쉬어."

나는 왈칵 눈물이 쏟아졌다. 이 얼마나 꾸밈없는 선의인가! 이렇게 어린아이가 벌써 순전히 아빠를 위하는 마음으로 불을 꺼서 방을 어둡게 만들고, 아빠가 낮잠을 잘 수 있게 해 준 것이다. 이것 역시 접촉의 시작이며, 단순한 행동으로 선의를 표현한 일이다.

접촉의 시작은 어렵게 느껴지지만 사실 어렵지 않다. 생각이 미치면 행동하면 된다. 그리운 사람이 있다면 가서 말하라. 보고 싶은 사람이 있다면 편지를 쓰라. 누군가에게 음식을 해주고 싶다면 음식을 만들라. 이야기를 나누고 싶다면 전화를 걸라. 옆에 있는 사람이 궁금하면 다가가서 물어보라. 행동으로 접촉을 시작하고, 친밀해질 가능성을 열라.

마틴 루서 킹은 이렇게 말했다.

"사람들이 함께 어울릴 수 없는 이유는 서로를 두려워하기 때문입니다. 사람들이 두려움을 느끼는 이유는 서로를 이해하지 못하기 때문입니다. 사람들이 서로 이해하지 못하는 이유는 서로 소통하지 않기 때문입니다."

사람들과 어울리기 위해서는 먼저 서로를 두려워하면 안 된다. 두려워하지 않기 위해서는 먼저 서로를 이해해야 한다. 이해하기 위해서는 먼저 서로 소통해야 한다. 여기에 마지막으로 한 마디만 더하겠다.

"접촉을 시작하면 소통의 가능성이 생긴다."

제3부
비바람 속에 굳게 서기

인생의 물살 속에서
항상 중심으로 돌아가라

인생의 물살 속에서 새롭게 머물 자리를 선택하고 중심으로 돌아가라.

달빛의 따뜻함이 부드럽게 들어오고, 별의 깜빡임이 또렷이 보이고,

수면에 떨어지는 물방울 소리도 들릴 것이다.

하늘은 인생의 물살이 어디로 흘러갈지를 결정한다. 하지만 사람은 스스로 머무를 자리를 선택할 수 있기 때문에 달도 보고, 별빛도 만날 수 있다.

교편을 잡고 처음 몇 년간, 차를 몰고 고속도로에 진입하기 전에 종종 길을 돌아서 타이중 다리大里에 있는 조그만 주먹밥 가게에 들르곤 했다. 이 노점은 '행복 주먹밥'이라는 예쁜 이름을 가지고 있다. 분홍색 계열의 디자인으로 꾸며진 이곳은 신선한 말린 두부와 러우숭돼지나 소의 살코기를 가공하여 분말 또는 풀솜 모양으로 만든 식품을 부재료로 사용한다. 가장 중요한 것은 손을 움직여 주먹밥을 만드는 사람이 내가 1년 전 야간부에서 가르쳤던 사회복지학과 학생이라는 점이다. 그녀는 말끔하게 생긴 스물두

살의 여성으로, 편안하고 순수한 에너지를 지니고 있다. 그녀의 시선이 차창을 넘어 나를 알아봤을 때의 짓는 그 표정을 가장 좋아한다. 그녀는 금세 얼굴에 웃음꽃을 피워내며 기쁜 목소리로 "교수님!" 하고 외친다. 이 짧은 순간의 머무름은 무척 아름답다.

오늘 아침 나는 길을 조금 돌아 이곳에 도착했다. 그리고 행복을 찾아냈다.

어떤 머무름이 인생에 아름다움을 가져오는가

두 딸이 태어나기 전에 나는 재미있는 일을 할 시간이 무척 많았다. 한번은 서재를 정리하다가 오랫동안 쌓여있던 1위안짜리 동전 무더기를 발견했다. 작은 산처럼 쌓인 동전들을 바라보며 아침을 먹기 전에 은행에 가서 지폐로 바꾸기로 결심했다. 그리고 오토바이를 타고 소년의 마음으로 동전통을 품에 안은 채, 평소보다 거대하게 느껴지는 은행 안으로 걸어 들어갔다. 나는 정문 입구에 서서 꼼짝 않고 여기저기 두리번거렸다. 마치 내 몸이 이렇게 말하는 것 같았다. '어디로 가야 이 동전들을 경품으로 바꿀 수 있을까?'

나에게 이 동전들은 마치 공짜로 얻은 경품 같았다. 입구의 경비원은 내 동전통을 보더니 "41번 창구로 가세요."라고 말했다. 아무 말도 하지 않았는데 친절한 경비원이 경품을 받을 수 있는 장소를 알려준 것이다. 동전을 전부 쏟아서 959위안으로 교환했다. 그날 아침, 나는 동전을 지폐로 바꾸는 일이 내게 기쁨을 줄 거라는 사실을 알았다. 그래서 고정된 일상에 이 '경품을 찾아 떠나는 여행'을 더해 넣었다.

학생들을 가르칠 때 나는 두 수업 사이 쉬는 시간을 무척 좋아했다. 한번은 어떤 두 수업 사이 쉬는 시간에 강단 의자에 앉아 멀리서 내가 아끼는 학생을 바라보고 있었다. 스무 살 전후의 그녀는 새롭게 파마를 한 모습이었다(굵은 웨이브였다). 나는 멀리서 소리 없이 손짓으로 생동감 있게 '너 파마했구나! 예쁘다!'라고 표현했다. 스무 살의 그녀가 웃었다. 내가 그녀에게 관심을 기울인다는 사실을 안 것이다. 바쁘고 짧은 쉬는 시간 동안 나는 소리 없는 손짓으로 나의 관심과 애정을 표현했다. 스스로 사랑을 베푸는 행동 안에 머무는 것은 무척 아름다운 일이다.

머무를 자리를 선택하는 일은 제대로 살기 위해 매우 중요하다. 재미있는 것은 사람들은 바쁠 때 어떤 머무름이 자신의 인생에 아름다움을 가져오는지 쉽게 잊어버린다는 사실이다.

내 인생에서 가장 바빴던 시기가 두 번 있었다. 한 번은 박사 논문을 쓸 때였고, 다른 한 번은 대학에서 이제 막 교편을 잡아

매일 바쁘게 자료를 수집하며 수업을 준비할 때였다. 이 가장 바빴던 두 시기에 항상 똑같은 행동 패턴을 보였다. 바로 바쁘게 일하는 시간 외의 거의 모든 시간을 주식과 펀드를 연구하는 데 사용한 것이다. 나는 잠시 멈추어 나 자신에게 질문했다.

"어떻게 된 거지?"

"왜 바쁠 때마다 주식과 펀드를 보는 행동을 하는 거지?"

나는 인생의 대부분 에너지를 가르치고, 수업을 준비하고, 논문을 쓰는 데 소비하고 있었다. 그래서 겨우 남은 에너지로는 좋은 책 한 권을 읽거나 영화 한 편을 보기에도 부족했다. 심지어 아내와 제대로 대화하기에도 부족했다. 오직 컴퓨터 모니터에 끊임없이 업데이트되는 주식과 펀드 숫자를 응시하고, 주문하고, 추세를 분석할 만한 에너지밖에 남아 있지 않았다. 그래서 점점 더 피곤해지는 소용돌이에 빠지게 된 것이었다.

중심으로 돌아가 평온함을 되찾는 방법

많은 사람이 바쁠 때 마음속으로 이런 과정을 밟을 거라고 생각한다.

바쁘기 때문에 피곤하다.

피곤하기 때문에 에너지를 끌어올릴 만한 일을 할 힘이 없다.

에너지를 끌어올릴 만한 일을 하지 않기 때문에 에너지가 점점 떨어진다.

그래서 계속 바쁘고 계속 피곤하다.

그다음에는…… 모든 공간이 축소된 것처럼 느껴지고 결국에는 숨이 막힌다.

일단 자신이 이 소용돌이에 빠졌다는 사실을 깨닫고 나면, '중심으로 돌아가기centering'를 해야 한다. 재빨리 "멈춰!"라고 소리치고 중심으로 돌아가는 것이다. 이것은 길리건 박사가 매우 강조하는 수행 방법으로, 너무 긴장하지도 않고 너무 느슨하지도 않은 상태를 말한다(not too tight, not too loose). 이 상태에서는 특별한 집중력이 생겨서 느슨함과 집중력을 동시에 지닐 수 있다. 때때로 손을 명치나 배에 대고 천천히 심호흡하면 중심으로 돌아갈 수 있다. 지금부터 구체적으로 중심으로 돌아가는 연습을 해보자.

방법 1

긴장하고 당황한 상태에서 중심으로 돌아가려면 좀 더 많은 시간과 방법이 필요하다. 자신에게 이렇게 질문하라. "내 주의력은 지금 어디에 있지?" 만약 다른 곳에 있다면 주의력을 되

찾아 와야 한다. 어떻게 되찾을까? 한 손을 가볍게 명치에 대고 심호흡하며 주의력(의식적인 자아)을 머리부터 아래로 이동시킨다. 그런 다음 반대쪽 손을 배꼽에 대고 다시 한 번 심호흡하며 주의력을 아래로 이동시켜 중심으로 돌아간다.

방법 2

신체의 곡선 부위를 만지는 것은 중심으로 돌아가는 또 다른 쉬운 방법이다. 사람의 신체에는 목, 귓등, 겨드랑이, 허리, 무릎 뒤, 발바닥 등 수많은 곡선 부위가 존재한다. 이런 부위들을 손으로 가볍게 쓰다듬은 후 편안하게 심호흡하면 짧은 시간 안에 중심으로 돌아갈 수 있다. 내가 자주 하는 방법은 이렇다. 눈을 감고 등을 자연스럽게 해서 바르게 앉은 후, 왼손을 정수리에 올린다. 그리고 천천히 손을 내리면서 왼쪽 귓등과 왼쪽 귓불, 명치, 배꼽을 쓰다듬는다. 그런 다음 오른손으로 바꿔 정수리부터 오른쪽 귓등과 오른쪽 귓불, 명치, 배꼽을 쓰다듬는다. 이렇게 하면 단지 5분 만에 마음이 많이 평온해지는 것을 느낄 수 있다.

자신이 중심에서 벗어났다는 사실을 깨달으면(예를 들면 화났을 때), 심호흡하면서 자기 자신에게 질문하라.

"나는 계속 화를 낼 것인가, 아니면 중심으로 돌아갈 것인가?"

중심으로 돌아가는 방법은 이 밖에도 많이 있다. 조용히 산책하기, 무아지경으로 춤추기, 땀 흘리며 공놀이하기, 몸과 마음을 이완시키는 요가 하기, 물과 하나가 되는 수영하기, 내면과 가까워지는 그림 그리기, 마음이 편안해지는 책 읽기, 눈 감고 음악 감상하기, 친구와 함께 수다 떨기, 베란다에서 화초 다듬기, 하루하루 메말라가는 화분을 유기 흙으로 바꿔주기 등등⋯⋯.

중심으로 돌아가는 것은 어렵지 않다. 그러나 실제로 행동에 옮겨 수행 중인 자신을 찾아와야 한다. 한편 나는 여전히 주식과 펀드를 보고 연구한다. 하지만 반드시 그 시간을 통제한다. 심하게 현혹되지만 않으면 그 소용돌이에 빠지지 않기 때문이다.

인생의 물살 속에서 새롭게 머물 자리를 선택하고 중심으로 돌아가라. 달빛의 따뜻함이 부드럽게 들어오고, 별의 깜빡임이 또렷이 보이고, 수면에 떨어지는 물방울 소리도 들릴 것이다.

인생의 광채 vs. 홀가분함

참여형 휴식에 적극적으로 몰입하고 참여하면 움직일 때 살아있다는 느낌이 든다.

단순히 누워서 쉬는 방관형 휴식은 몸과 마음을 보양하는 데 도움이 된다.

일상생활에 두 가지 휴식이 모두 있으면 더욱 즐겁게 살 수 있다

한 번은 2주 연속 주말을 끼고 나흘간의 '은유와 꿈 분석' 워크숍을 진행한 적이 있다. 그때 참가자 중에 뜻밖에도 기업가, 위원장, 고급 강사가 많다는 사실을 발견했다. 그들은 바쁜 일정 중에도 시간을 내서 새로운 것을 배우려고 온 것이었다. 그들의 강한 학습 동기는 내 호기심을 자극했다. '이 사람들은 왜 주말을 한가하게 보내지 않는 걸까?'

한가한 것은 충실한 것과 다르다. 나에게는 전기기계학과와 수학과를 복수 전공한 매우 지혜로운 친구가 하나 있는데, 그는 이전에 내게 충실감과 관련된 수학 공식을 하나 알려주었다.

충실감 = 몰입 + 몰입을 체험한 후의 결과(음미)

홀가분함을 추구하는 사람은 종종 일찍 휴식을 취하고 힘을 비축하기 위해 충분히 몰입할 수 있는 일을 급하게 그만둔다. 이렇게 되면 자칫 몰입할 기회를 잃고, 그로 인한 충실감도 줄어든다. 마치 테니스를 한 게임만 하고 급하게 집으로 돌아가면 두 번째 게임의 즐거움을 놓치게 되는 것과 같다. 게다가 파트너와 함께 도구를 정리하면서 방금 있었던 경기 내용을 음미하는 기쁨도 사라져버린다.

자아의 대화를 바꾸고, 인생의 단계를 새롭게 하라

학교 다닐 때 나는 공부를 무척 열심히 했다. 그 시절은 내가 꾸준히 노력하고 부지런히 발전한 시간이었다. 어머니가 다른 사람들에게 하신 말씀을 들으면, 초등학교 방학 동안 매일 아침 먼저 여름방학 숙제를 끝내고 나서야 놀러 나갔다고 한다. 중학교와 고등학교 6년 내내 수업을 마치고 집에 돌아가면 일단 한숨 자고 한밤중에 일어나 공부를 계속했다. 나는 내가 어렸을 때 대체 무슨 생각으로 그렇게 열심히 살았는지 모르겠다.

어렸을 때 너무 열심히 살아서일까? 석사 학위를 받은 후의 나는 홀가분함과 즐거움을 추구하고, 바쁘고 힘든 일들은 피하게 되었다. 하지만 사람의 계획은 하늘의 계획을 따라가지 못한다고 했던가? 하늘은 우리가 항상 새로운 것을 배우기를 바라는 것 같다. 세월이 흘러 두 딸이 생기자, 한 가정을 책임지는 일은 결코 가볍고 유쾌한 임무가 아니었다. 그렇게 한가함이라는 단어는 "휙"하는 소리와 함께 멀리멀리 사라졌다.

어떻게 해야 할까? 이 새로운 인생의 변화를 어떻게 마주해야 할까?

인생의 각 단계에서 새로운 변화를 만났을 때는 '자동화 내면의 대화'를 한번 점검해보는 것이 좋다. 자기 자신에게 물어보라. 평소에 무리하지 않고 쉬고 싶을 때 마음속에서 어떤 내면의 대화가 이루어지는가?

'이렇게 하면 힘들지 않을까? 어떻게 하면 편하고 즐거울 수 있을까?'

자신의 인생이 새로운 단계에 들어선 상황에서 이런 식의 자아의 대화는 우리를 더욱 강하게 옭아맬 뿐이다. 이제는 자아의 대화 내용을 바꿀 때가 되었다. 새로운 자아의 대화 문형을 사용해보라.

'오늘 하루를 이렇게 보내는 게 의미가 있을까?'

이 새로운 자아의 대화는 인생의 '광채'로 '홀가분함'을 대신한다. 자아의 대화 문형이 바뀌면 마음속에 앞으로의 몇 년을 어떻게 살아야 할지 새로운 결심이 서게 된다.

어떻게 놀아야 즐거움과 충실함을 다 잡을까

한가함과 충실함에 대해서 새로운 각도에서 한번 탐색해 보자. 최근에 두 가지 신조어를 배웠다. 하나는 '참여형 휴식'이고 다른 하나는 '방관형 휴식'이다. 내 방식으로 바꿔 말하면 참여형 휴식은 '힘들지만 의미 있는 여가 활동'이고, 방관형 휴식은 '편안하게 다른 사람에게 대접받는 즐거움'이다.

먼저 방관형 휴식은 안마, 두피 관리, 피부 마사지, 5성급 호텔 스파, 애프터눈 티, 영화 관람 등을 말한다. 평소 바쁘게 일하는 사람이라면 이따금 '편안하게 다른 사람에게 대접받는 즐거움'을 누리는 것도 물론 좋다. 그러나 만약 일 년 내내 바쁘게 일하는 것 외에는 방관형 휴식만 취한다면, '일할 때는 돈 버느라 바쁘고, 쉴 때는 돈 쓰느라 바쁜' 상태에 빠지기 쉽다. 이런 휴식은 주변 사람이 볼 때는 멋있어 보이지만, 막상 돈을 쓰면서 휴식하는 사람은 어느 정도 시간이 지나면 한계 효용이 줄어들어 차츰 만족감과 즐거움을 잃게 된다. 마치 고급 음식에 익숙해진 사람이 미식을 맛보는 능력을 얻은 대신 소박한 기쁨을 잃은 것과 같다.

또 다른 각도에서 보면 사람에게는 두 가지 방향의 즐거움이 있다. 하나는 Comfort이고, 또 하나는 Fresh Air이다. Comfort는 수동적으로 쾌적함을 느끼는 휴식, 즉 방관형 휴식이다. 한편 Fresh Air는 몰입하고 노력하는 휴식, 즉 참여형 휴식이다.

Fresh Air는 직역하면 '신선한 공기'라는 뜻으로, 야영이나 목공, 테니스, 등산, 집안 페인트칠하기, 가족이나 친구에게 음식 만들어 주기, 여행, 헬스 등이 여기에 해당한다. 우리는 이러한 참여형 휴식을 행동으로 옮기면 반드시 즐거움이 따른다는 사실을 잘 알고 있다. 일출을 보러 산에 오를 때면 때때로 자기 자신에게 묻게 된다.

"내가 뭐하러 이렇게 힘들게 산을 오르는 거지?"

그러나 산꼭대기에 도착해서 신선한 공기를 마시면 정말로 특별한 기쁨이 솟아난다. 목공을 하다 보면 한참을 걸려 만들었는데 연결 부위가 제대로 맞지 않는 경우가 있다. 이럴 때면 자기 자신에게 묻게 된다.

"그냥 이케아에 가서 사는 게 낫지 않아?"

그러나 작품을 완성하고 땀을 닦으면 형용할 수 없는 즐거움이 밀려든다. 그러므로 일상생활 속에 참여형 휴식을 많이 안배하는 것이 좋다. 휴식에는 몰입과 노력, 참여가 포함되어야 한다. 만약 그 안에 다른 사람과의 상호작용까지 더해지면, 만족감은 더욱 높아진다.

하루는 아내가 페인트칠로 거실의 색깔을 바꾸고 싶다고 말했다. 나는 마음속으로 중얼거렸다(물론 입 밖으로 소리 내지는 않았다).

'집에 할 일이 얼마나 많은데 페인트칠할 시간이 어디 있어? 그냥 사람 쓰는 게 낫잖아?'

아내는 자기주장이 무척 강한 사람이라 내가 마음속으로 중얼거린다고 해서 바꿀 수 있는 것은 아무것도 없다(그래서 입 밖으로 말하지 않은 것이다). 그렇게 해서 색깔을 고르고, 페인트를 사서 섞고, 사다리와 마스킹테이프를 사며 작업을 착착 진행했다. 아내는 큰딸 황아난을 데리고 거리낌 없이 페인트를 칠하기 시작했다. 참으로 보기 좋은 광경이었다.

이것은 굉장히 전형적인 참여형 휴식이다. 창의력이 뛰어난 아내는 페인트칠을 시작하기 전에 두 딸에게 무척 재미있는 놀이를 허락했다. 거실 벽에 마음껏 낙서를 할 수 있도록 한 것이다(페인트칠을 시작하기 전에 이 놀이를 허락한 이유는 나중에 페인트로 낙서를 가릴 수 있기 때문이다!).

참여형 휴식에 적극적으로 몰입하고 참여하면 움직일 때 살아 있다는 느낌이 든다. 단순히 누워서 쉬는 방관형 휴식은 몸과 마음을 보양하는 데 도움이 된다. 그러므로 이 둘의 비율을 적당히 조절하는 것이 중요하다. 일상생활에 두 가지 휴식이 모두 있으면 너욱 즐겁게 살 수 있다.

결과와 상관없이
열심히 준비하라

성공과 실패, 옳고 그름만 주시하지 말고, '열심히 준비하는' 과정에도 시선이 머무르게 하라.

열심히 준비하는 것이 한 부분, 결과를 아는 것이 한 부분이다. 설사 순조로운 성공은 거두지

못했더라도 열심히 준비한 과정에서 느낀 기쁨과 만족감은 결코 줄어들지 않는다

내게 도움을 청하러 온 사람들에게 종종 이런 질문을 받는다.

"선생님, 힘든 일이 많을 때 마음을 안정시키고 싶어요. 당황해서 갈피를 잡지 못하니까 너무 괴로워요!"

여기서는 어려움을 당했을 때 평온함을 찾는 방법에 대해 알아보자.

어느 평범한 가을, 곧 해가 넘어가는 저녁 6시 무렵. 오토바이를 타고 좁지만 쾌적한 타이중시 중샤오로를 천천히 지나다가 문득 영화 속 아름다운 음악을 곁들인 슬로모션 같은 장면을 보았다.

중샤오 야시장 노점들이 하나둘씩 음식 재료를 준비하고 있다. 손님들은 아직 찾아오지 않았다. 노점의 수많은 손이 국을 뜨고, 소금을 넣고, 참깨를 뿌린다. 진지한 눈과 손이 하룻밤의 풍성함을 준비한다. 나는 그 아름다운 얼굴들을 하나씩 바라본다. 단순하고 평범한 집중력이 그들의 아름다운 표정을 스톱모션으로 만들었다.

이 장면은 내게 커다란 감동을 주었다.

평범한 사람들이 열심히 집중하며 준비하는 모습에서 깊은 평온함을 읽었다.

심리 상담을 공부하면서 질리도록 들은 말이 있다. 바로 "과정이 결과보다 중요하다."라는 말이다. '과정'이란 무엇인가? 나는 이런 식의 타인의 언어는 좋아하지 않는다. 왜냐하면 타인의 언어는 설사 그 정의를 이해하더라도 스스로 느낌을 살려서 내 것으로 만들 수가 없기 때문이다. 이날 저녁, 중샤오 야시장의 스톱모션 화면 속에서 나는 나만의 언어로 이 중요한 관념을 정의하는 법을 찾았다.

"열심히 준비하는 것이 성공이나 실패, 옳고 그름보다 중요하다."

열심히 준비하는 과정

나는 십 수년간 안정적으로 즐거움과 만족감을 줄 수 있는 실용적인 행위를 탐색했다. 그리고 마침내 첫 번째 방법을 찾아냈다! 이 실용적인 행위는 바로 '열심히 준비하기'이다.

우리는 성공과 실패를 매우 중시한다. 그래서 시작부터 결과가 나올 때까지 조마조마하고, 쩔쩔매고, 압박감에 시달린다. 시선이 항상 성공과 실패, 옳고 그름이란 결과에만 머무른다면 즐거움과 만족감을 느끼기가 힘들다. 그렇다면 어디로 시선을 옮겨야 할까? 사실 성공과 실패, 옳고 그름에서 아예 시선을 옮기기란 불가능하다. 왜일까? 왜냐하면 우리는 모두 평범한 사람이기 때문에 당연히 결과를 신경 쓸 수밖에 없기 때문이다. 그러면 어떻게 해야 할까?

핵심은 바로 시선을 어디에 머무르게 하느냐다. 성공과 실패, 옳고 그름만 주시하지 말고, '열심히 준비하는' 과정에도 시선이 머무르게 하라. 이것 역시 공존의 개념이다.

"맞아, 나는 성공과 실패에 신경이 쓰여. 맞아, 나는 열심히 준비하는 과정도 즐길 거야."

이렇게 하면 설사 순조로운 성공은 거두지 못했더라도 열심히 준비한 과정에서 느낀 기쁨과 만족감은 결코 줄어들지 않는다. 여기에는 중요한 분단 시스템이 존재한다. 열심히 준비하는 것이 한 부분이고, 결과를 아는 것이 한 부분이다. 두 부분에는 두 종류의 감정이 존재할 수 있다. 그리고 이 두 종류의 감정은 내면세계에서 서로 독립적으로 존재한다. 결과가 뜻대로 되지 않았다고 해서 준비 과정에서의 충실감이나 몰입감, 만족감이 사라지는 것은 아니다.

한번은 나와 아내가 딸을 데리고 타이중에서 타이베이에 있는 아내의 친정집에 간 적이 있다. 3시간의 여정 중에 딸이 별안간 엄마에게 물었다.

"엄마, 엄마는 왜 내가 먹고 싶어 하는 걸 다 가지고 있어요?"(길을 가는 동안 딸은 물과 배, 요구르트, 과자, 유자 등을 달라고 했다).

나의 사랑하는 아내가 의기양양하게 대답했다.

"왜냐하면 엄마가 열심히 준비했으니까!"

열심히 준비하는 과정에서는 평온함을 얻고, 열심히 준비한 결과로는 감사를 받는다.

이렇게 평온함과 감사함이 공존하는 것을 우리는 '행복'이라고 부른다.

열심히 하는 과정에서 평온함과 만족감이 완성된다

타이중에 작업실을 하나 가지고 있다. 내가 좋아하는 일 중 하나는 워크숍을 시작하기 전에 작업실에 미리 도착해서 주변 환경을 정리하는 것이다. 만약 워크숍을 10시에 시작한다면, 종종 8시쯤 도착해서 창문을 열고 공기를 순환시킨다. 그리고 바닥을 쓸고 닦고, 참가자들이 사용할 컵을 씻고, 물을 끓인다. 나는 조용하고 편안하게 이 지극히 평범한 일들을 열심히 해낸다.

때때로 햇빛이 앞 베란다에서 쏟아져 들어올 때면, 빛을 등지고 바닥에 남아있는 길고 가느다란 머리카락을 손으로 줍는다. 나는 이렇게 조용하고 평범한 방식으로 열심히 워크숍 참가자들을 맞을 준비를 한다. 내가 이런 일을 하는 것을 알아주는 사람이 있는지 없는지는 솔직히 중요하지 않다. 왜냐하면 내 마음속에서 시간이 명확하게 둘로 나누어졌기 때문이다.

평온함과 만족감은 열심히 준비하는 과정에서 이미 완성되었다. 알아주는 사람이 있든 없든, 고마워하는 사람이 있든 없든, 칭찬하는 사람이 있든 없든 상관없이, 나는 이미 평온함과 만족감을 누렸다. 심지어 약간의 홀가분함과 즐거움까지 느꼈다.

'열심히 준비하기'에서 가장 멋진 부분은 내가 스스로 통제할 수 있다는 점이다. 나는 남들이 나를 좋아하게 만들 수 없다. 남들이 내 수업을 좋아하게 만들 수도 없다. 그러나 아침 일찍, 아무도 나를 보는 사람이 없는 시간에 이렇게 열심히 준비할 수 있다.

따라서 곧 있을 진로 계획 연구 토론회를 위해서 내가 해야 할 일은 어떻게 하면 젊은 강연자인 내가 상담 선배들 앞에서 제대로 실력 발휘를 할 수 있을지 고민하는 것뿐만 아니라, 열심히 최선을 다해 준비하는 것이다. 나는 참가자들의 특성과 필요를 예상하고, 그들이 가장 확실하게 학습하고 편리하게 활용할 수 있는 설계 방안을 구상해야 한다. 이런 방향으로 시선을 집중하면 평온함을 유지할 수 있다.

2010년 꼬박 1년 동안 과거 십 수년간의 은유와 꿈 분석 치료 경험을 정리해서 '꿈 탐색 카드(꿈 분석 카드)'를 설계했다. 대학교 근처의 조용한 서점에 홀로 앉아 꿈 분석 카드에 적힌 글자를 하나씩 곱씹었던 기억이 있다. 내가 설계한 카드에는 꿈 분석 구절 외에도 꿈에 대한 예시와 정성껏 적은 꿈 분석 비법이 적혀있다. 이렇게 열심히 준비하는 과정에서 매일매일 만족감과 평온함을 느꼈다. 꿈 분석 카드가 출시되고 나서 성공할 수 있을지는 내가 예측할 수 있는 일이 아니다. 그러나 내가 할 수 있는 일이 하나 있다. 바로 끊임없이 열심히 고민하고 글을 쓰는 것이다.

어려움의 길에서 울부짖는 것은 괜찮다. 하지만 울부짖는 동시에 열심히 준비해야 한다. 열심히 준비하고 전력을 비축하면서 어려움을 단숨에 돌파할 날을 기대하라. 열심히 준비하고 자신의 마음을 평온하게 다스리면서 인생의 다음 기회를 기대하라. 열심히 준비하고 다른 사람의 어려움을 바라보는 법을 배우면 자신의 어려움도 보인다. 그리고 집중해서 자신의 노력을 바라보면 다른 사람의 노력도 보인다.

이렇게 하다 보면 평온함은 정말로 슬그머니 찾아온다.

어떻게 하면 이 한 수를
멋지게 둘 수 있을까?

친구의 블로그에서 이런 말을 읽은 적이 있다. "프로 체스 선수와 체스 세계 챔피언의

차이는 바로 이것이다. 프로 선수는 앞으로 몇 수를 어떻게 두어야 할지 생각한다.

하지만 챔피언은 어떻게 하면 이 한 수를 멋지게 둘 수 있을지를 생각한다." 나는 이

말을 읽고 충격을 받았다. 그리고 깊은숨을 내쉬었다. 그렇다. 잘 살기 위해서는

'어떻게 하면 이 한 수를 멋지게 둘 수 있을지'를 알아야 한다

젊은 프로 기사棋士는 온 힘을 다해서 다음 다섯 수, 심지어 열 수 앞까지 내다보는 법을 배운다. 계산과 계획은 인생을 계획하는 데 있어서 중요한 요소다. 그러나 이와 동시에 현재로 돌아와 "어떻게 하면 이 한 수를 멋지게 둘 수 있을까?"를 생각하는 것 역시 중요한 안목이다.

"어떻게 하면 이 한 수를 멋지게 둘 수 있을까?" 이 말을 쉽게 바꾸면, "지금 이 순간, 어떤 일을 하면 내가 더욱 건강해질까?"이다.

아니면 앞에서 이야기했던 것처럼 "지금 이 순간, 어떤 일을

하면 내가 행복해질까?" 또는 "지금 이 순간, 어떤 일을 하면 나 자신을 좋아하게 될까?"로 바꿔도 좋다. 이것은 간단하면서도 어려운 일이다. 자신에게 질문을 던지고 나서 진짜 행동으로 옮겨야 하기 때문이다.

'팥 세기'

게임을 하는 것은 쉽다. SNS를 구경하는 것도 쉽다. 쇼핑하는 것 역시 편하고 쉬운 일이다.

수영장에서 수영하는 것은 어렵다. 산에 올라 야영하는 것도 어렵다. 친구에게 전화해서 나오게 하는 것도 어려운 일이다.

쉬운 일들은 우리를 성장의 길에서 멀어지게 만든다. 한편 어렵게 느껴지는 일들은 사실 그렇게 어렵지만도 않다. 어떻게 하면 어려운 일을 간단하게 만들 수 있을까? 나에게는 '팥 세기'라는 작은 비법이 하나 있다.

'팥 세기'는 학생 시절에 터득한 나만의 작은 비법이다. 미국 메릴랜드 대학교에서 공부할 때 침실 겸 서재의 창턱에 팥을 가득 채운 투명한 유리병을 하나 놓았다. 그리고 유리병 옆에는 귀여운 작은 접시를 놓았다. 나는 나 자신을 더욱 좋아하게 만드는 일을 하고 나면 팥으로 가득 찬 유리병에서 팥 하나를 꺼내 작은 접시 위에 올려두었다. 만약 내가 한 일이 나를 건강하고 행복하고 자신감 있게 만들었다면, 그러니까 일거다득의 일을 했다면, 팥을 두세 개, 또는 한 줌 집어서 접시 위에 놓았다. 나에게 일거다득의 건강한 행동이란 용기를 내서 지도 교수님과 논문 토론 날짜와 시간을 잡는 것, 한참 동안 빠져 지냈던 게임기를 동네 청소차에 버리는 것, 사흘 연속 테니스로 땀을 흘리는 것 등이었다.

삼 주 또는 한 달에 한 번, 나는 접시에 담긴 팥을 살펴본다. 만약 팥이 너무 적으면 나를 건강하게 만드는 일, 나 자신을 좋아하게 만드는 일을 더 많이 해야 한다는 신호로 받아들인다. 만약 팥이 많으면 내가 착실하게 나 자신의 성장을 위해 책임을 다했다는 것을 알 수 있다. 설사 견디기 힘든 날일지라도 접시에 가득 찬 팥을 바라보면, 내가 이미 아주 열심히 나 자신을 보살피고 자양분을 주었다는 사실을 깨닫게 된다. 이렇게 하면 당혹감도 줄어든다. 왜냐하면 대충대충 살수록 성장의 과정에는 당혹감이 점점 더 늘어나기 때문이다. 팥이 있으면 자신이 책임지고 몰입한 정도를 한 알씩 계산할 수 있다. 접시에 놓인 팥이 하루하루 쌓여갈수록 우리가 원하는 모습으로 성장할 기회도 커진다.

가지고 다닐 수 있는 내면의 화원

내 박사 논문에는 젊은 대학생 샤오링(가명)이 말했던 자신을 성장시키는 아름다운 은유가 나온다. 바로 '가지고 다닐 수 있는 작은 화원'이다. 샤오링은 남자친구 문제로 두 달 동안 상담원에게 상담을 받았다. 어느 날 면담을 마치기 전에 그녀는 그동안의 상담 과정을 돌이켜보았다.

상담원이 샤오링에게 질문한다. "그동안 자신에게 어떤 변화가 있었나요?"

샤오링이 대답한다. "저는 화원을 하나 가지고 있어요. 그 안에 알록달록 다양한 꽃들을 심어 놓았죠. 그런데 제가 작은 화초(남자친구)만 돌보는 바람에 제 화원은 그만 황폐해지고 말았어요."

상담원이 질문한다. "그곳에서 당신은 (작은 화초에) 발목이 잡혔군요. 만약 다시 연애를 한다면 당신의 화원은 어떻게 될까요?" 샤오링은 자신의 화원이 움직일 수 있고, 가지고 다닐 수 있는 것이라고 말했다. 마지막 면담 때 상담원은 바퀴가 달린 작은 화원 그림을 그려서 샤오링에게 선물했다.

샤오링이 직접 한 말은 더욱 생동감이 넘친다. "제 화원은 가지고 다닐 수 있어요. 그래서 제가 다른 사람을 보살펴야 할 때 저는 제 화원도 같이 돌볼 수 있죠. 종종거리며 다른 사람에게 달려가느라 제 화원을 내팽개치는 게 아니라요."

일상생활 속에서 샤오링은 자신이 좋아하는 일이나 자신이 독립적이라고 느껴지는 일, 자신과 가까워질 수 있을 일을 했을 때 기쁘게 몸을 돌려 자신의 화원에 씨앗을 심는다.

만약 우리 모두에게 자신만의 땅이나 화원, 산비탈 밭이 있다면, 하루하루 어떻게 땅을 갈고, 흙을 파고, 물을 끌어올 것인가? 이 땅, 이 화원은 당신이 두 손으로 직접 일궈야만 풍작을 이룰 수 있다. 어떻게 해야 좋은 씨앗을 찾고, 적당한 햇빛과 빗물 아래서 제대로 씨앗을 뿌릴 수 있을까? 나는 팥 한 알한 알로 나 자신을 더욱 좋아하게 된 이야기를 쌓아간다. 샤오링은 에너지 넘치는 행동으로 자신의 가지고 다닐 수 있는 작은 화원을 풍성하게 만든다. 어쩌면 당신도 고개를 돌려 당신의 화원, 당신의 그 땅이 지금 어떤 모습인지 살펴야 할지도 모른다.

좋아지지 않으면 어떡하지?

심리적으로나 신체적으로 어려움에 부닥쳤을 때 벗어날 수 있는 방향이 두 가지 있다. 하나는 행동으로 생각을 대신하는 것이다. 걱정하는 데 쓰이는 시간과 에너지를 "무슨 일을 하면 좋을까?"라고 질문하는 데 사용하라. 또 하나는 더욱 깊숙한 곳의 자신과 접촉하는 것이다. 자기 자신을 더욱 철저히 감지하고 이해하라.

나는 어려서 몸이 허약하고 잔병이 많았다. 어머니 말씀으로는 사나흘에 한 번은 병원에 갔다고 한다. 몸이 아플 때 자주 병원 침상에서 이리저리 뒤척였던 것을 어렴풋이 기억한다. 그래서인지 나는 아프거나 감기에 걸리는 게 무척 두렵고, 몸이 조금만 불편해도 하늘이 무너져 내리는 것처럼 느껴진다.

결혼 후 나는 한 가지 사실을 발견했다. 부부가 함께 감기에 걸렸을 때 아내는 그저 가끔 "아이고" 하며 괴로워할 뿐, 다른 때는 멀쩡했다. 그런데 나는 목이 아프기 시작한 그 날부터 마치 물에 빠진 닭처럼 괴로움에 몸부림치는 것이었다. 한번은 욕실에서 아내와 수다를 떨다가 궁금해서 물어본 적이 있다.

"당신은 감기에 걸려서 힘들 때 앞으로 얼마나 더 힘들어질지 생각 안 해?"

칫솔질하던 아내는 조금도 망설이지 않고 시원스럽게 대답했다.

"웅! 앞으로의 일을 뭐하러 생각해?"

걱정에 파묻힐 때, 어떻게 해야 할까?

그제야 나는 온 세상 사람들이 나처럼 멍청하게 '미리 준비'
하지는 않는다는 사실을 깨달았다. 나는 감기에 걸린 것을 알
아채고 맨 처음 목구멍이 아플 때부터 앞으로 닥칠지도 모를
두통이나 그 밖의 고통을 걱정하면서 괴로움을 더했다. 이는
자칫하면 자동으로 '내일 있을지도 모를 부담과 괴로움'을 오
늘로 가져와 맛보는 일이 될 수 있다. 이런 식으로 '미리 준비'
하는 것은 삶을 괴롭게 만들고 만족감과 즐거움을 빼앗는다.

그러면 어떻게 해야 할까?

우리는 새로운 습관을 훈련해야 한다. 목이 아픈 증상을 느
끼면, 단순하게 이 알고 있는 사실에 멈춰서 나 자신에게 질문
한다.

"내 몸이 멀쩡하다면, 지금 이 순간, 이곳에서 내가 무슨 일
을 해야 더 행복해질까?"

그리고 그 일을 행동으로 옮긴다. 구체적인 행동으로 막연
한 걱정을 대신하는 것이다.

나 자신에게 "만약 몸이 멀쩡하다면, 내가 무슨 일을 해야 삶이 재미있고 행복해질까?"라고 질문했을 때 머릿속에 떠오르는 대답이 "온 가족을 위한 저녁 식사로 국을 끓이는 거야!"라면, 나는 바로 주방에서 옥수수 갈비탕을 끓이기 시작한다. 주방에서 바삐 움직이다 보면 기존의 걱정과 근심을 잊게 된다. 뜨거운 국물을 마시면 속이 편안해지고, 아내의 부담도 줄어든다. 게다가 딸에게도 아빠가 끓인 진한 국물을 먹일 수 있으니 진정한 일거다득이라고 할 수 있다!

심리학의 최면 암시 각도에서 볼 때 사람은 앞으로 생길지도 모를 신체의 불편한 증상을 생각하면 할수록 그런 증상이 나타날 확률이 높아진다. 사실 신체의 질병이나 불편함에는 우리가 상상하는 것처럼 일정한 과정이나 선후 관계가 존재하지 않는다. 따라서 우리가 행동으로 걱정(즉 그다음 병증을 유발하는 생각)을 대신하면, 불필요한 괴로움과 부담을 건너뛰고 더욱 빠르고 효과적으로 건강을 회복할 수 있다.

행동으로 걱정을 대신하기 위해서는 먼저 행동을 일으키는 자아의 대화가 필요하다. "무슨 일을 하면 좋을까?"라는 에너지 넘치는 질문으로 기존의 "망했다. 또 감기에 걸렸어. 앞으로 며칠 동안 엄청 괴롭겠지……."라는 생각을 대신하라.

행동으로 걱정을 대신하는 자동화 순환이 왜 필요할까? 스트레스 관리의 각도에서 그 실마리를 찾을 수 있다. 스트레스 관리에서는 운동의 중요성을 매우 강조한다. 왜냐하면 운동과 걱정을 동시에 하는 것이 무척 어렵기 때문이다. 당신이 지금 야구장에서 유격수 위치를 수비하고 있다고 상상해보라. 타자가 친 강력한 땅볼을 잡아야 하는 상황에서 당신은 몸을 날려 글러브로 공을 잡으며 마음속 걱정까지 생각할 여유가 없을 것이다(만약 당신이 걱정을 계속한다면, 멋지게 공을 잡아 1루에 던지는 대신 공에 맞아 나가떨어질 것이다). 우리는 신체 활동을 통해서 기존에 있던 걱정의 순환을 끊고 대신할 수 있다. 따라서 당신이 시간을 들여 운동하면, 대뇌의 걱정이 자연스럽게 멈추어 휴식을 취하고 회복할 수 있다.

"무슨 일을 하면 좋을까?"

이것은 쉽게 활용할 수 있는 전형적인 행동 유발 문형이다. 당신이 자신에게 이 질문을 던지면 대뇌는 자동으로 할 수 있는 일들을 생각한다. 그리고 당신이 행동을 시작하면 기존의 걱정은 밀려난다. 이 행동 유발 문형을 꾸준히 연습하다 보면 건강한 대체 패턴이 차츰 생각할 필요도 없는 새로운 습관으로 자리 잡을 것이다.

기분이 나아지지 않을 때,
어떻게 해야 할까?

글을 쓰는 일은 마음을 안정시킨다. 자신의 내면의 소리를 들으라.

기존에 있던 열정은 어디로 갔는가? 인생의 지금 이 순간 무엇을 갈망하고 있는가

내 친한 친구 한 명은 자주 배낭을 메고 인도와 티베트로 여행을 떠난다. 그녀는 무척 특별한 초등학교 선생님이다. 그런데 그녀에게 한동안 어려움이 잇따라 찾아왔다. 어느 날 우연히 MSN에서 그녀를 만났다. 그녀는 자신의 상황을 말해주었다.

"요즘 나는 일기를 쓰기 시작했어. 몇 년 동안 일기를 쓰지 않았는데, 문득 일기를 쓰면 마음이 차분해지고 안정된다는 게 생각났거든. 일기는 착실하게 나 자신과 함께 시간을 보내는 방법이야. 중고등학교와 대학교 때 나는 일기를 쓰면서 나 자신과 시간을 보냈어. 그러니까 이 오래된 방법을 다시 찾은 거지."

그녀의 이야기를 들으면서 느끼는 바가 있었다. 그래서 짧

은 이야기를 하나 들려주었다.

"희귀한 새를 보러 야외로 나갔을 때 단지 희귀한 새만 찾으려고 하면 안 돼. 일단 조용히 눈앞에서 날아다니는 참새나 울새 같은 흔한 새들과 숲길의 나무와 곤충, 개구리를 봐야 하지. 평범한 작은 생물들을 조용히 바라보는 거야. 그렇게 10분, 20분, 30분을 가만히 있다 보면, 주변이 조용해진 것을 알고 희귀한 새들이 눈앞에 나타나기 시작해. 다쉐산 210 숲길에서 새를 감상한 적이 있는데, 하루 동안 흰목웃는지빠귀白喉笑鶇의 직역와 푸른배흰꿩蓝腹鹇의 직역, 검정긴꼬리꿩帝雉을 봤어. 이 새들은 새를 감상하는 사람들 사이에서 '흰푸검'이라고 불리는 무척 만나기 힘든 새들인데 말이야!"

이것은 실제로 있었던 이야기이자 훌륭한 은유다. 나 자신이 천천히 안정되었기 때문에 주변도 따라서 안정되었고, 희귀한 새들도 자연스럽게 모습을 드러낸 것이다. 일기를 쓰는 것은 자신을 안정시키는 좋은 방법이자, 현실에 가까워지면서 뿌리 내릴 수 있는 방법이다. 일기를 쓰면서 자신을 안정시키고 나면, 자신의 또 다른 내적 자원도 자연스럽게 뒤따른다.

임상에서는 심리적으로나 신체적으로 어려움에 부닥쳤을 때 벗어날 수 있는 방향이 두 가지 있다. 첫 번째 방향은 행동으로 생각을 대신하는 것이다. 그 방법은 앞에서 말했던 것처럼, 걱정하는 데 쓰이는 시간과 에너지를 "무슨 일을 하면 좋을까?"라고 질문하는 데 사용하는 것이다. 이러한 행동 유발 문형을 통해서 행동이 걱정을 대신하게 하라. 두 번째 방향은 더욱 깊숙한 곳의 자신과 접촉하는 것이다. 자기 자신을 더욱 철저히 감지하고 이해하라. 《게드 전기》라는 책에는 이런 명언이 나온다.

"들으려면, 반드시 먼저 침묵하라."

조용히 해야 커다란 공간이 생겨나고, 자기 자신을 더욱 깊이 이해할 수 있다.

블로그가 생기자 사람들은 일기를 잘 안 쓰게 되었다.

SNS가 생기자 많은 사람이 블로그를 안 하게 되었다.

이메일이 생기자 카드나 편지를 쓰는 사람들은 소수집단이 되었다.

일기 쓰기, 블로그 쓰기, 카드 쓰기, 편지 쓰기 등 글을 쓰는 일은 마음을 안정시킨다. 자신의 내면의 소리를 들으라. 기존에 있던 열정은 어디로 갔는가? 인생의 지금 이 순간, 무엇을 갈망하고 있는가?

자유의 꽃은
자기 절제의 토양에서 피어난다

맹목적으로 자유를 좇으면 넘어지고 다친다.

맹목적으로 자신을 절제하면 스트레스를 받고 엄격해진다.

규칙이 있는 자기 절제에 자유로움을 더하면 인생에 아름다운 화원을 창조할 수 있다.

아내는 어려서부터 타이베이에서 성실하고 훌륭한 어른들에게 사랑과 보살핌을 받으며 성장했다. 그중에서 아내가 자주 이야기하는 삼촌이 두 분 계시는데, 한 분은 라오어우 삼촌이고, 또 한 분은 샤오취 삼촌이다.

단순하고 소박한, 자유롭고 순수한 샤오취 삼촌

그날 나는 화롄 여자 중등학교에서 얼린 시도 지능 워크숍을 막 마친 참이었다. 해변의 귀여운 게스트하우스에서 아내와 함께 휴가를 시작하려던 찰나, 뜻밖에도 장인어른과 마주치게 되었다. 장인어른과 샤오취 삼촌은 40년이 넘은 오랜 친구 사이다. 우리는 함께 길가에 차를 세우고 샤오취 삼촌을 맞이했다. 샤오취 삼촌은 차에 타자마자 낡은 가방에서 토마토 세 개를 꺼내며 말했다.

"이건 내가 심은 게 아니라 저절로 자란 거야."

나는 난생처음으로 땅에서 저절로 자란 토마토를 맛보았다.

바닷가를 걸을 때 샤오취 삼촌은 또다시 낡은 가방에서 작은 돌 하나를 꺼내며 아내에게 말했다.

"결혼식에 못 간 대신, 지금 작은 선물을 하나 줄게."

그것은 화둥 해안에서 흔히 볼 수 있는 원형에 가까운 납작한 돌이었다. 돌에는 '애愛'라는 기념 글자가 예쁘게 쓰여 있었다. 나는 샤오취 삼촌이 서예를 잘하신다는 이야기를 자주 들었다. 그 단순한 한 글자는 그야말로 예술가의 작품이었다.

샤오취 삼촌은 일거수일투족에서 철학가와 예술가의 분위기를 풍긴다. 작고 낡은 가방에서 저절로 자라난 신선한 토마토를 꺼내기도 하고, 소박하지만 간직하고 싶은 멋진 선물을 꺼내기도 한다. 나는 소중한 것은 바로 그 자유로운 마음이라고 생각한다. 샤오취 삼촌은 《적을수록 자유롭다》라는 책을 쓴 적이 있다. 이 책은 내가 동경하는 삶의 모범을 보여준다. 외부적으로 필요한 것이 적을수록 내면은 더욱 자유로워지는 것이다.

저녁 식사 시간에 일흔 살의 샤오취 삼촌은 접시에 장식으로 올린 상추를 한 장씩 집어서 자신의 밥그릇으로 가져갔다. 구운 돼지고기 밑에 깔아둔 숙주도 샤오취 삼촌의 밥그릇으로 들어갔다. 그것은 눈에 띄려고 일부러 하는 행동이 아니었다. 생활 속 진실한 모습이었다. 눈과 마음에 그 모습을 담으며 몇 번이고 심호흡했다. 단순하고 소박한 생활이 일흔 살의 어르신을 그토록 순수해 보이도록 만든 것이다. 20년 전, 눈앞의 이 멋진 연장자는 뒤도 돌아보지 않고 높은 연봉의 난야 플라스틱 엔지니어라는 직업을 그만두었다. 그리고 번화함을 벗어나 옌랴오 해변에 도착한 후, 지금까지 단 한 번도 단순한 생활을 멈추지 않았다.

즐겁게 저녁 식사를 마친 우리 일행은 식당에서 나와 택시를 타고 수박을 먹으러 가기로 했다. 길가의 건물 옆에서 샤오취 삼촌이 손아랫사람인 내게 인자한 목소리로 말했다.

"심리를 다루는 사람은 자유로워야 해."

담담한 그 한마디가 내 마음을 크게 울렸다.

곁에서 나를 응원하는 사람들은 많았지만, 이토록 오랫동안 내 마음을 울린 말은 없었다. 심리를 다루는 사람은 자유로워야 한다. 정말 그렇지 않은가? 사유가 없다면 어떻게 열심히 집중해서 좋은 창작을 하겠는가? 자유가 없다면 어떻게 워크숍에서 음악을 틀고 감동적인 은유 이야기를 하겠는가? 샤오취 삼촌의 군말 없는 짧은 한마디는 이렇게 나를 지탱해주고 있다!

자유란 정처 없이 떠돌아다니며 사는 게 아니다. 만약 자유가 한 그루의 나무라면, 이 나무를 잘 자라게 만드는 토양은 바로 자기 절제와 규칙이다. 나는 샤오취 삼촌이 홀로 화롄 해변에 살면서도 내키는 대로 잠을 자지는 않을 거라고 생각한다. 내 짐작에 그분에게는 즐겨 산책하는 오솔길이 있을 것이다. 자주 이야기를 나누는 사람도 있을 것이다. 그리고 나는 그분이 땅에서 저절로 자란 채소를 수확하는 일을 가장 좋아할 거라고 생각한다.

내면의 지지력을 단련하라

나를 아는 많은 사람은 내가 어디에도 구속되지 않는 자유로운 사람이라고 생각한다. 내 은유 이야기를 들어본 적이 있는 사람들은 때때로 몹시 감탄한다. 음악이 나오는 순간, 나의 내면이 자유롭게 유동하면서 재미있는 이야기가 자연스럽게 쏟아져 나오기 때문이다. 자유로운 내가 바람에 흔들리는 나무라면, 오랜 시간 규칙이 있는 자기 절제는 나에게 자양분을 공급하는 토양이다.

규칙이 있는 자기 절제 없이 자유만 추구하면 인생이 느슨해진다. 심지어 주변 사람을 힘들게 만들 수도 있다. 2000년부터 2012년까지, 매년 꾸준히 60번에서 100번의 워크숍을 진행했다. 12년간 총 700일이 넘는 워크숍을 진행한 것이다. 이것은 규칙이 있는 자기 절제다. 친한 친구들은 내가 15년간 끊임없이 매주 두세 번씩 테니스를 친다는 사실을 알고 있다. 일상생활에서 나는 재미있는 규칙을 또 하나 가지고 있는데, 바로 매주 이발소에서 머리를 감는 것이다. 내 창의력은 내 머리에서 나온다. 그리고 내 짧은 상고머리는 감겨지고 안마를 받았을 때 최대 화력으로 창작열을 불태운다.

맹목적으로 자유를 좇으면 넘어지고 다친다. 맹목적으로 자신을 절제하면 스트레스를 받고 엄격해진다. 규칙이 있는 자기 절제에 자유로움을 더하면 인생에 아름다운 화원을 창조할 수 있다.

한번은 장기長期 단체 활동에서 지혜가 넘치는 오랜 친구가 꽤 설득력 있는 이야기를 했다. 대령으로 제대한 그는 기운 넘치는 목소리로 말했다.

"철과 강철은 C(탄소) 하나 차이야."

무슨 뜻일까? 철이 강철이 되지 못함을 안타까워한다는 중국 속담훌륭한 사람이 되지 못함을 안타까워한다는 뜻이 있다. 어떻게 하면 쉽게 부서지는 철이 견고한 강철이 될 수 있을까? 화학식에서는 철에 C 원소만 더하면 강철이 될 수 있다.

이 C가 바로 '자기 내면의 지지력', 그러니까 진정으로 '자신에게 책임을 지는 것'이다. 여기에는 '책임지고 자신을 나아지게 만드는 것', '책임지고 자신의 눈을 움직여 비평 속에 머물지 않고 사랑과 격려가 있는 곳으로 이동하는 것'이 포함된다. 우리의 'C'를 단련하고 한 걸음씩 철에서 강철로 변화하는 일은 '자신에게 책임을 지는 것'에서 시작된다.

나 자신을 옭아맸던 것은 사실 '초월'이라는 두 글자였다. 그러나 독특함은 차이와 다름의 문제이지, 초월의 문제가 아니다.

누구나 두 개의 자신을 가지고 있다

자신이 현재 경험하고 있는 다양한 일들을 믿으며 공존을 연습하라.

두 개의 '나'가 하루하루 가까워지게 하라. 그러면 사랑을 받아들이고 간직할 수 있게 된다.

자신을 사랑하고, 나아가 타인을 사랑하는 것도 가능해진다. 그리고 결국에는

행복의 가능성이 눈앞에 나타날 것이다.

누구나 두 개의 '나'를 지니고 있다. 하나는 '내가 생각하는 나'이고, 다른 하나는 '진실한 나'이다. 예를 들어보자. 어떤 사람이 자신이 귀엽고, 친절하고, 행동이 바르다고 생각한다. 그러나 실제로 그는 엄격하고 신중한 사람이다. 단지 스스로 귀엽고 친절한 모습을 보이고 싶어 할 뿐이다. 또 다른 예를 들어보자. 어떤 사람이 자신감 있고 에너지 넘치는 모습('내가 생각하는 나')으로 보이고 싶어 한다. 그러나 실제로 그는 자신에 대한 의심이 많고, 확신이 없는 사람('진실한 나')이다. 앞의 문장을 읽으면서 당신은 '그러나 실제로' 뒤에 나오는 내용이 '진실한 나'라는 사실을 눈치챘을 것이다.

이 두 개의 나는 마치 테이블 위에 떨어져 있는 두 개의 컵과 같다. 성장의 과정에서 입은 상처나 잇따른 '어찌할 바 모르는 상황' 때문에 두 개의 컵은 점점 더 멀어진다. 우리는 외부 세계를 마주할 때 '내가 생각하는 나'의 모습을 사용한다. 한편 마음속의 '진실한 나'는 그 곁에 다가가는 것조차 힘겨울 때가 있다.

두 개의 나가 너무 멀면, 자양분을 얻지 못한다

우리는 자주 이런 말을 듣는다.

"이상해. 분명히 그 사람과 가까워졌고 자주 만나는데도 왜 아직 그가 멀게만 느껴지지?"

그 이유는 그 사람의 '내가 생각하는 나'와 '진실한 나'가 하늘과 땅처럼 멀리 떨어져 있기 때문일 수 있다. 또 다른 가능성 (이것은 심호흡해야만 감당할 수 있는 사실이다)은 바로 당신 자신의 '두 개의 나'가 너무 멀리 떨어져 있기 때문이다.

만약 나의 컵 두 개가 멀리 떨어져 있으면, 다른 사람이 '내가 생각하는 나'에게 다가와 사랑을 주어도, 그 사랑은 너무 먼 길을 가느라 도중에 흩어져서 '진실한 나'에게는 자양분을 공급하지 못한다. 만약 성장 과정에서 자양분이 충분하거나 몇 년간의 내적 정리를 통해서 컵 두 개가 가까워진다면, 다른 사람이 사랑을 전해왔을 때 이 사랑은 순조롭게 '진실한 나'에게까지 흘러갈 수 있다.

그러면 어떻게 해야 자신의 두 컵이 점차 가까워질 수 있을까? 우리 내면의 다양한 부분을 동시에 공존하게 하면 된다. 이것은 나에게 큰 영향을 주신 선생님, 길리건 박사의 또 다른 중요한 개념이다. 우리 내면의 서로 다른 부분을 '이런 나'와 '저런 나'로 부른다고 하자. '이런 나'와 '저런 나'는 갈라지고 분열될 때 내면을 잡아당긴다. 그런데 잡아당기는 데는 매우 큰 힘이 소모된다. 우리는 그 힘을 버텨내야 하고, 버티는 시간이 길어지면 지치게 된다.

다시 말해서 '이런 나'와 '저런 나'는 모두 내면의 서로 다른 목소리이자 내면의 일부다. 우리가 "외국으로 유학 가고 싶지만 외로울까 봐 두려워"라고 말할 때 앞의 "유학 가고 싶어"가 한 부분이고, 뒤의 "두려워"가 또 한 부분인 것이다.

우리는 행동을 취하기 위해서 습관적으로 한 부분의 말만 듣는다. 외로울까 봐 두려운 마음 때문에 유학을 가지 않거나, 유학을 가고 싶다는 모험심과 인생의 꿈을 중시하느라 사랑받고 관심받고 싶은 욕구를 무시하는 것이다. 이 두 개의 목소리가 계속 다투다 보면 마음속에 이런 대화가 생겨난다.

"이상하다. 다른 사람들은 괜찮은데, 왜 나만 이렇게 두려워하는 거지?"

"유학 안 간다고 어떻게 되는 것도 아닌데 그냥 남아있자. 친구들 곁에 있는 게 중요하지. 하지만……."

현재 경험하고 있는 것을 믿고, 일상생활에서 공존을 연습하라

어떻게 해야 두 개의 '나'가 점점 가까워지고, 심지어 한 개의 컵으로 변할 수 있을까? 나는 나 자신의 인생에서 십수 년을 연습하고 나서 두 가지 중요한 방법을 찾아냈다.

1) 내가 현재 경험하고 있는 것을 믿는다.

2) 일상생활에서 공존을 연습한다

자신이 현재 경험하고 있는 것을 믿으라. 다른 사람이 하는 말이 반드시 자신의 경험과 일치하지는 않는다(보통은 모두 다르다. 그래서 '다른 사람의 경험'이라고 부르는 것이다). 나에게는 나 자신의 경험이 있다. 나는 두렵고, 긴장하고, 걱정한다. 동시에 나는 노력하고, 애쓰고, 약간의 모험을 원한다. 따라서 나는 나의 경험과 이야기 속에서 나에 대한 믿음과 판단력을 키우고, 나만의 선택과 지혜를 키운다.

공존 연습은 마음속에 나타나는 '아니면OR'과 '그런데BUT'를 모두 '그리고AND'로 바꾸는 것이다. 예를 들어보자.

> "휴, 나는 기업 경영학을 싫어하는 걸까, 아니면OR 심리학을 좋아하는 걸까?"

이 말은 아래와 같이 바꿀 수 있다.

> "맞아, 나는 기업 경영학을 전공하는 게 너무 힘들어. 그리고AND 맞아, 나는 남몰래 심리학을 사랑하게 되었어. 맞아, 이 두 가지 모두 나의 일부야."

또 다른 예를 들어보자.

> "나는 그가 나한테 잘 해주는 게 좋아. 그런데BUT 왜 뭔가 잘못된 느낌이 들지?"

이 말은 아래와 같이 바꿀 수 있다.

"맞아, 나는 그가 나를 배려하고 잘 해주는 게 좋아. 그리고AND, 맞아, 나는 어렴풋이 뭔가 잘못됐다는 느낌이 들어. 맞아, 이 두 가지 모두 나의 일부야."

어떤 사람의 컵이 가까스로 조금 가까워졌다. 그런데 어떤 사건이 발생하는 바람에 또다시 멀어지고 말았다. 하지만 그는 포기하지 않고 계속 연습해서 매번 자신을 되찾았다. 그러던 어느 날, 컵 두 개가 정말로 가까워져서 다시는 쉽게 자신을 밀어내지 않게 되었다. 그러자 인생이 점점 더 즐거워졌다. 우리가 열심히 연습하면, 인생에서 피할 수 없는 네 가지 단계를 건너는 게 가능해진다.

1단계: 자신이 현재 경험하고 있는 다양한 일들을 믿으며 공존을 연습한다.

2단계: 두 개의 컵이 하루하루 가까워진다.

3단계: 사랑을 받아들이고 간직할 수 있게 된다. 동시에 자신을 사랑하고, 나아가 타인을 사랑하는 것이 가능해진다.

4단계: 행복의 가능성이 눈앞에 나타난다.

이렇게 한 걸음, 한 걸음씩 앞을 향해 걸어가는 것이다.

---

4. 허크의 당부: 여기서 '맞아' 뒤의 쉼표는 모두 멈춰서 심호흡할 수 있는 부분이다. 심호흡은 이러한 생각과 내적인 부분이 마음속 깊은 곳까지 들어가도록 돕는다. 천천히 따라 읽어보면 또 다른 느낌과 수확을 얻게 될 것이다!

제4부
잠재의식과 친한 친구가 되라

잠재의식과
친한 친구가 되라

은유와 꿈 분석은 매우 흥미롭다. 게다가 친구와 함께 체험해보기에도 적합하다.

인생에 잠재의식이라는 친한 친구가 생기면 괴로움과 어려움, 혼란에 직면했을 때

외로움을 줄이고 힘을 얻을 수 있다.

어느 해 가을, 지도 워크숍에서 한 활발한 남자 선생님을 만났다. 조별 활동 시간에 그는 단체실에 있던 멧돼지 인형을 들고 이렇게 말했다.

"저의 일부는 사실 이 멧돼지를 닮았습니다."

같은 조 사람들은 놀란 눈으로 이 젊은 선생님을 바라보았다. 그는 멧돼지 인형을 손에 들고 이야기를 시작했다.

저는 시골에서 자랐습니다. 대학 시절, 저는 타이완에서 온 여학생들에게 감히 다가가시 못했습니다. 왜냐하면 저 자신이 촌스럽다고 생각했거든요. 저는 좋아하는 여학생을 만나러 타이베이에 간 적이 있습니다. 저희 둘은 어떤 현대식 건물에 들어가려

고 했어요. 입구의 문은 천천히 움직이는 유리 회전문으로 되어 있었죠. 한 번에 한 사람만 들어갈 수 있고, 발걸음을 내디딜 때마다 따라 움직이는 그런 문 말이에요. 하지만 그때 저는 너무 촌스러워서 그런 문이 있는 줄 몰랐어요. 제가 좋아하는 여학생이 문에 들어갔을 때 저는 그녀를 따라 같은 칸으로 들어갔어요. 결국 저희는 그 안에 갇히게 됐죠. 그녀는 고개를 돌려 아무 말 없이 저를 바라봤어요. 저는 속으로 너무나 창피했습니다. 어떻게 이런 것도 몰랐지…. 이게 바로 저예요. 촌스러운 멧돼지는 저의 일부입니다.

은유 이야기는 서로를 가까워지게 만든다

멧돼지는 상당히 생동감 넘치는 은유다. 한편의 이야기와 경험, 감상에 꼭 알맞은 멧돼지 은유가 이야기의 느낌을 온전히 드러냈다. 멧돼지 인형을 보면서 이야기를 들었던 같은 조 사람들은 순식간에 이 젊은 선생님과 가까워졌다. 멧돼지 영상에 진실한 이야기가 더해져 같은 조 사람들이 자신의 소박하고 우직한 부분을 떠올리게 만들었기 때문이다. 은유는 잠재의식에 다가가는 가장 일상적인 방법이다. 잠재의식은 많은 사람에게 익숙하면서도 낯선 심리학 명사로, 간단히 말해서 분명히 의식하고 사고할 수 있는 것 외의 것을 가리킨다. 잠재의식에는 사용된 적 없는 수많은 자원과 우리가 오랫동안 잊고 지낸 기억, 즉 상처, 행복, 고통, 억울함, 흥분 등이 포함된다.

만약 자신의 인생에 굳세고 강한 후원자가 필요하다면, 잠재의식이 오랜 시간 함께하는 친구가 되어줄 수 있다. 잠재의식과 가까워지는 방법은 세 가지가 있다. 바로 꿈 분석과 은유, 최면이다. 이 중 최면은 학습 난이도가 가장 높고, 전문적인 훈련과 교육이 필요하다. 그러나 은유와 꿈 분석은 일상생활에서도 쉽게 활용할 수 있는 좋은 방법이다.

따라서 잠재의식과 친한 친구가 되고 싶다면, 우선 두 가지 방법을 시험해보는 것이 좋다. 첫 번째는 은유를 사용하는 것이고, 두 번째는 꿈을 기록하고 꿈을 분석하는 것이다.

꿈을 기억하고 꿈을 분석한다는 것은 무엇일까?

꿈은 잠재의식에 다가가는 또 다른 일상적인 방법이다. 꿈을 기록하는 것은 잠재의식에게 가장 직접적으로 환영과 호의를 보이는 일이다.

과학적으로 사람은 거의 매일 꿈을 꾼다고 알려져 있다. 어떤 사람은 자신의 꿈을 또렷이 기억하지만, 어떤 사람은 자신이 꾼 꿈을 기억하지 못한다. 꿈을 꾼다고 해서 반드시 그 꿈을 해석할 수 있는 것은 아니다. 그러나 꿈에 주의를 기울이고 꿈을 존중하는 것은 가능하다. 더욱 중요한 것은 꿈을 환영하고,

즐기고, 꿈의 창의성을 좋아해야 한다는 점이다. 꿈을 기록할 때는 잠자리에 들기 전에 먼저 자신의 잠재의식에게 이렇게 말하는 것이 좋다.

"친애하는 잠재의식아, 나를 좀 도와줘. 오늘 밤 내가 꿈을 꾸고 기억할 수 있게 해줘. 내가 잠에서 깼을 때 기록할 수 있게 해줘. 너에게 다가가고, 너를 이해하고, 너와 함께 협력할 기회를 줘……"

그런 다음 머리맡에 빈 종이와 잘 써지는 펜을 준비하고 푹 잔다. 만약 한밤중에 잠에서 깼다면, 재빨리 기억나는 꿈을 기록한다. 단지 모호한 조각이라도 괜찮다. 일단 꿈을 기록하기 시작하면, 다음번 꿈에는 더욱 쉽고 분명하게 다가갈 수 있다.

꿈은 잠재의식이 당신에게 보낸 편지와 같다

'꿈'이라는 주제를 깊이 연구한 심리 치료의 대가 유진 젠들린Eugene Gendlin은 이렇게 말했다.

"친구가 당신에게 편지 한 통을 보냈다. 당신은 편지를 열어 봤지만, 내용을 이해할 수 없다. 그래서 편지를 가지고 다니면서 시간이 날 때마다 읽는다. 당신이 친구의 편지를 이렇게 소중히 다룬다면, 우연히 친구를 만나서 친구가 '내 편지 받았어?'라고 물었을 때 당신은 '받았어, 받았어. 그런데 이해가 안 돼서 가지고 다니면서 시간 날 때마다 읽고 있어'라고 대답할 것이다. 생각해보라. 이 친구는 당신에게 두 번째 편지를 쓰고 싶을까? 나는 그럴 가능성이 높다고 생각한다!

또 다른 상황은 이렇다. 친구가 당신에게 편지 한 통을 보냈다. 당신은 편지를 열어보지 않았고, 바쁜 와중에 편지의 존재를 잊어버렸다. 친구는 당신이 편지를 읽지 않은 것을 알고 아마 다음번에는 당신에게 편지를 쓰지 않을 것이다."

잠재의식이 보낸 꿈은 친구가 우리에게 쓴 편지와 같다. 우리가 그것을 반드시 이해할 수 있는 것은 아니다. 그러나 기꺼이 읽고 기록하면서 소중히 간직할 수는 있다. 잠재의식이 차츰 우리를 친한 친구로 여기게 되면, 더욱 분명하고 깊이 있는 이야기를 우리에게 들려줄 것이다.

최근 몇 년간 꿈 분석 워크숍을 진행하면서 꿈에 대해 높은 흥미를 보이는 사람들을 만났다. 그들 중 몇몇은 꿈에 가까이 다가가고 싶어 하면서도 꿈을 두려워했다. 그들은 이렇게 말했다.

"꿈은 눈앞의 암흑 같아요. 두렵지만 앞으로 나아가게 만들죠. 꿈에 다가가고 싶지만, 한편으로는 무서워요."

어떤 사람들은 꿈이 흥미롭고 재미있다고 생각했다. 그들은 이렇게 말했다.

"꿈은 이야기책 같아요. 자기 스스로 줄거리를 만들거든요. 꿈을 열어보면 무척 재미있어요. 매번 열어볼 때마다 완전히 새로운 줄거리가 나오니까요. 꿈은 고무공 같아요. 다른 사람과 함께 가지고 놀 수도 있고, 혼자 놀 수도 있거든요. 슛을 해서 실패할 때도 있지만 골대에 들어갈 때도 있는 것처럼, 꿈을 이해하는 데 실패할 때도 있지만 성공할 때도 있어요."

이 밖에도 어떤 사람은 굉장히 생동감 있게 꿈을 묘사했다.

"저는 꿈이 애플 핸드폰 같다고 생각해요. 그 속에는 GPS와 게임이 들어있어서 심심할 때 꺼내서 가지고 놀 수 있죠. 방향을 알고 싶을 때 물어볼 수도 있고요."

만약 자신의 꿈을 기록해서 가깝고 믿을 만한 친구, 특히 빨주노초 친구 분류 시스템에서 '주황색'과 '빨간색'에 해당하는 친구에게 들려줄 기회가 있다면, 꿈에 관해 이야기하는 동안에 꿈에 대한 이해가 더욱 깊어질 것이다.

꿈 분석의 간단한 어법

꿈 분석은 매우 전문적인 어법인 동시에 매우 일상적인 어법이다. 여기서는 이제 막 입문한 사람들이 활용하기에 적합한 어법 몇 개를 예로 들어 설명하겠다.

꿈 분석을 시작할 때 사용하는 문형

"너 요새 무슨 고민 있니? 아니면 계속 생각나거나 마음속으로 관심을 쏟는 일이 있니? 나한테 몇 개만 알려줄래? 이따가 우리 함께 하나씩 살펴보자. 어쩌면 꿈과 일상생활의 관계를 찾아낼 수도 있어."

"너는 방금 꿈에 커다란 개 한 마리가 나왔다고 했지? 얼마나 컸는데? 손으로 한번 보여줄 수 있어? 엄청 크구나. 그 개는 무슨 색깔이었어? 짖었어?"

"너는 방금 꿈에 자전거와 산길, 여자아이, 바람 빠진 타이어가 나왔다고 했지? 그중에 네가 가장 관심이 가고, 궁금하고, 탐색하고 싶은 건 뭐야?"

뭔가를 발견하고 나서 사용하는 문형

"이 꿈은 지금 너에게 무엇을 말하고 있니? 만약 이 꿈이 일종의 메시지라면, 너에게 무엇을 알리려는 것 같니?"

은유와 꿈 분석은 매우 흥미롭다. 게다가 친구와 함께 해보기에도 적합하다. 인생에 잠재의식이라는 친한 친구가 생기면 괴로움과 어려움, 혼란에 직면했을 때 외로움을 줄이고 힘을 얻을 수 있다.

훌륭한 은유는
마음속까지 전달된다

우리는 적절한 은유나 이야기를 들었을 때 자신도 모르게 그중 한 인물에게

감정을 이입하게 된다. 일단 한 인물에 감정을 이입하면, 그 인물은

듣는 사람의 마음속에서 생생히 살아 숨쉬기 시작한다.

때로는 간결하고 짧은 형용사 하나가 은유가 되기도 한다.

당신은 친구가 자신의 상황을 이렇게 묘사하는 것을 들어본
적이 있을 것이다.

"내 눈앞은 캄캄한 암흑이야."

이때 당신은 감정을 이입해서 이렇게 말할 수 있다.

"정말 힘들겠다……."

아니면 은유를 사용해서 친구에게 다가갈 수도 있다.

"암흑이라니! 그렇다면 하루빨리 빛을 보고 싶겠구나!"

또는 당신도 함께 탐색해볼 수 있다.

"그 어둠에 대해서 말해봐. 어떤 어둠이야?"

나는 일상생활에서 동물 은유를 자주 사용한다. 표범이나

말, 황조롱이 등으로 나 자신을 표현하는 것이다. 나를 잘 아는 친구들은 나에게 이렇게 질문한다.

"너의 황조롱이는 어디 있니?"

그러면 나는 이렇게 대답한다.

"황조롱이는 어두운 밤, 바람 부는 나뭇가지에 앉아 있어. 바람이 휙휙 불고, 몹시 추운 겨울밤에⋯⋯."

가끔은 이런 식의 표현이 직접적으로 감정을 말하는 것보다 훨씬 더 내면의 상태를 잘 보여준다. 그리고 더욱 생동감 있고 입체적으로 상대방에게 이해될 수 있다.

아이의 마음속까지 사랑을 전하는 은유 이야기

아이와 상호 작용할 때도 은유는 좋은 통로가 되어준다. 어느 조용한 아침, 나는 멀리서 다섯 살짜리 큰딸 황아난과 세 살짜리 작은딸 황마오마오가 다투는 소리를 들었다. 얼마 후, 발걸음 소리와 함께 훌쩍훌쩍 우는 소리가 천천히 내 침실로 다가왔다. 나는 그 소리를 듣자마자 작은딸이 왔다는 것을 알아차렸다. 작은딸은 문을 열고 들어와서 침대로 기어오르더니, 마치 꼬마 아가씨가 토토로의 몸에 엎드리듯 내 품에 안겨 흐느끼기 시작했다. 나는 작은 목소리로 물었다.

"왜 그러니?"

"엉엉, 언니가……, 나를……, 엉엉……."

솔직히 말해서 나는 한마디도 알아듣지 못했다.

30초도 안 돼서 또 다른 여자아이가 울면서 침실로 들어왔다. 큰딸이었다. 나는 침대에 누워서 왼손으로는 작은딸을, 오른손으로는 큰딸을 안은 채 조용히 큰딸에게 물었다.

"왜 그러니?"

"엉엉, 내가……, 그러니까 마오마오가 날 때려서……, 그래서 내가 마오마오를 발로 찼는데, 엄마가 막 화를 냈어!"

다섯 살짜리 큰딸의 말은 훨씬 논리적이고 분명했다. 하지만 솔직히 말해서 나는 둘이 대체 무슨 일로 다투었는지는 알아듣지 못했다. 사실 아이들의 다툼은 대부분 내가 주고 싶지 않은 물건을 상대방이 가져가는 등의 사소한 일 때문에 벌어진다. 재미있는 것은 아이들 사이의 다툼을 중재하기 위해서 반드시 아이들의 말을 알아들어야 할 필요는 없다는 사실이다. 나는 두 딸을 바라보면서 말했다.

"아빠가 너희에게 이야기 하나를 들려줄게."

"하하와 양양이라는 원숭이 두 마리가 있었어. 둘은 함께 노는 걸 무척 좋아했지. 재미있게 놀 때는 언제나 '하하하' 웃음을 터뜨렸어. 너무나도 기쁘고, 즐겁고, 흥분됐지. 그런데 하하와 양양은 가끔 다툴 때가 있었어. 다투고 나면 슬프고, 불편하고, 불쾌해서 상대방을 멀리멀리 밀어내고 싶었지. 함께 있으면 즐겁게 놀기도 하고 다투기도 했어. 그런데 하하 없이 양양 혼자만 있을 때는 너무너무 심심하고 지루했단다."

두 딸은 내 품에서 흥미진진하게 이야기를 듣느라 우는 것을 잊어버렸다. 나는 이야기를 계속했다.

"숲 속에 아기 하마 한 마리가 살았어. 아기 하마는 보보라는 귀여운 이름을 가지고 있었지. 어느 날, 아기 하마 보보는 아기 악어 헉헉을 만났어. 아기 악어 헉헉에게는 굉장히 무서운 이빨이 있었지. 그 이빨은 너무너무 날카로워서 보기만 해도 소름이 돋을 정도였어. 아기 하마 보보가 아기 악어 헉헉에게 말했어. '너에게 날카로운 이빨이 몇 개나 있는지 내가 한번 세어볼게!' 하나, 둘, 셋, 넷, 다섯……. 어쩜 이렇게도 많을까! 아기 하마 보보도 이빨이 무척 많았어. 아기 하마 보보의 이빨은 동글동글해서 무척 귀여웠지! 하나, 둘, 셋, 넷, 다섯……. 우와, 작고 귀여운 이빨이 정말 많았어! 아기 하마 보보와 아기 악어 헉헉은 나중에 어떻게 되었을까? 아빠가 나중에 다시 말해줄게!"

그러자 신기한 일이 벌어졌다. 이야기를 다 들은 두 딸이 약속이나 한 듯 몸을 굴려 침대를 내려가더니 거실로 가버린 것이다. 나는 큰딸이 작은딸에게 이렇게 말하는 것을 들었다.

"이리 와, 언니가 재미있는 이야기를 들려줄게."

5분 전까지만 해도 난리를 치며 다투던 자매가 서로를 아끼며 사랑하기 시작했다. 정말 다행이었다.

다시 앞으로 돌아가 보자. 하하와 양양 이야기의 의도는 분명하다. 자매 사이에는 다툼과 즐거움이 모두 존재한다. 다퉜다고 해서 상대방으로 인한 즐거움을 잊어버리면 안 된다. 작은 하마 보보와 작은 악어 헉헉의 이야기는 더욱 흥미롭다. 그 자리에서 문득 떠오른 생각으로 만든 은유 이야기 속의 두 주인공은 아이의 마음속에 살고 있는 두 가지 모습을 상징한다. 하나는 귀여운 모습이고, 또 하나는 다른 사람을 힘들고 두렵게 만드는 모습이다. 이 두 가지 모두 진실한 자신의 모습이다. 그리고 이 두 가지 모습을 가지고 있는 것은 진실하고 자연스러운 일이다.

여기까지는 은유 치료 전문가로서의 설명이었다. 다시 일상생활로 돌아가 보자. 내가 큰딸에게 "너희는 조금 전까지 싸우지 않았니? 어떻게 갑자기 동생한테 이야기를 들려줄 생각을 했어?"라고 물었을 때 큰딸은 조금도 망설이지 않고 이렇게 대답했다.

"아빠한테 사랑을 받았으니까 동생을 사랑할 수 있게 된 거지!"

아! 알고 보니 은유 이야기가 아이의 마음속까지 온전히 사랑을 전했던 것이다!

공감을 일으키고 감동을 주는 적절한 은유

한번은 은유 이야기 워크숍을 지도하면서 《작은 날개 이야기》라는 짧은 이야기를 한 적이 있다.

작은 날개는 무척 작았다. 작은 날개는 항상 큰 날개를 따라다니는 것을 좋아했다. 큰 날개에 올라타면 하늘 끝까지 올라갈 수도 있고, 물가까지 내려갈 수도 있었다. 작은 날개는 무척 즐거워하면서 큰 날개가 있어서 다행이라고 생각했다. 그런데 때때로 작은 날개가 조그만 시냇가로 날아가고 싶을 때 유감스럽게도 큰 날개는 바람을 타고 자유롭게 날아다니거나, 강한 기류와 사투를 벌이느라 작은 날개의 목소리를 듣지 못했다. 작은 날개는 마음속으로 생각했다. '내 날개는 너무 작아서 날 수가 없는데 어떡하지?' 날지 못하는 작은 날개는 너무 슬펐다. 조그만 날개를 바라보자니 안타깝고 괴로웠다.

그날 밤, 작은 날개의 마음속에서 민 듯 기끼운 듯 목소리 하나가 들려왔다.

"작은 날개야, 작은 날개야. 날개는 크기로 나누는 게 아니야 날개에는 수많은 종류가 있어. 투명한 요정 날개도 있고, 축 바퀴로 회전하는 기계 날개도 있고, 다채로운 색깔의 무지개 날개도 있지. 남다른 특별한 날개가 수없이 많이 있단다. 어떤 날개는 커지기도 하고 작아지기도 해. 커져야 할 때는 '휙' 하고 커지고, 작아져야 할 때는 '휙' 하고 작아지지."

이렇게도 다양한 날개가 있었구나! 작은 날개는 자기 자신에게 질문했다.

"내가 무엇을 해야 날 수 있을까?"

정말 훌륭한 질문이었다. 작은 날개는 진지하게 자신에게 질문했다.

"내가 무슨 일을 해야 내 날개가 더 강하고, 탄탄하고, 바람에 따라 조정할 수 있는 힘이 생길까? 그래, 내가 무슨 일을 해야 할까?"

한밤중, 무척 조용한 한밤중에, 작은 날개는 자신의 가까스로 자라난 작은 날개를 진지하고 열심히 바라보았다. 그것은 그전까지 발견하지 못했던, 자신이 항상 바라왔던 소중한 작은 날개였다.

한 참가자는 작은 날개 이야기를 들은 후, 자신의 감상을 공유했다.

"······눈가가 촉촉해졌어요. 마치 제 이야기를 하는 것 같았거든요! 저는 작은 날개가 마음에 들어요. 아기 천사의 날개가 연상되거든요. 특별한 작은 날개가 생명을 얻었을 때 저는 내면에서 천천히 에너지가 솟아오르는 것을 느꼈어요. 그전에는 저 자신에 대한 자신감을 완전히 잃은 상태였어요. 그런데 알고 보니 이렇게 수많은 날개가 있었군요. 자신의 날개를 그렇게 진지하고 열심히 바라봤다니, 너무 감동적이에요. 그전까지 발견하지 못했던, 소중한 자신의 작은 날개를 말이에요……."

사람들은 적절한 은유나 이야기를 들었을 때 "눈가가 촉촉해졌어요. 마치 제 이야기를 하는 것 같았거든요!"라는 반응을 보인다. 마치 김용의 무협 소설을 읽을 때 곽정이나 황용, 영호충, 의림 사매, 홍칠공이 등장하면 독자가 자신도 모르게 그중 한 인물에게 감정을 이입하는 것과 같다. 일단 마음속으로 한 인물에 감정을 이입하면, 그 인물은 듣는 사람의 마음속에서 생생히 살아 숨쉬기 시작한다.

가벼운 발걸음으로
해자에 들어가라
– 일상생활에서 은유 사용하기

우리는 가끔 누군가가 수많은 산과 강을 건너 우리의 성에 들어오기를 바란다.

하지만 타인은 멀리서 성을 바라볼 뿐, 우리에게 가까이 다가오는 방법을 모른다.

만약 우리가 적절한 은유 언어로 자신을 표현하는 방법을 익힌다면, 상당히

중요하고 핵심적인 능력이 될 수 있다.

당신은 은유를 사용해본 적이 있는가? 한번 시도해보고 싶
은가?

은유를 사용하는 가장 간단한 방법은 일상생활에서 감정이
떠오를 때 기쁨이든 슬픔이든 불편함이든 상관없이, 감정이
튀어나오는 순간 자신에게 이렇게 질문하는 것이다.

"이런 나는 무엇을 닮았지?"

무엇을 닮았지? 그것은 동물일 수도 있고, 식물일 수도 있
고, 바람이나 구름, 비, 봄, 여름, 가을, 겨울 등 자연 현상일 수
도 있다. 아니면 어떤 물건이라도 괜찮다. 이런 나는 무엇을 닮

앗지? 이런 나를 무엇으로 형용해야 내 마음에 가장 가까이 다가갈 수 있을까? 어떤 때는 단지 모호한 화면일 수도 있고, 어떤 때는 글자 몇 개가 전부일 수도 있다. 그래도 좋다. 잠재의식에 다가가는 과정은 느리고도 자연적이다. 설사 아무것도 나타나지 않는다고 해도 상관없다. 당신은 기꺼이 시도하기만 하면 된다. 부드럽게 자신에게 질문하라.

"이런 나는 무엇을 닮았지?"

만약 친구와 함께 연습한다면, 친구에게 눈을 감고 세 번 심호흡하라고 요청하라. 기대와 호기심을 갖고 친구에게 질문하라.

"이런 너는 무엇을 닮았니?"

기억하라. 당신의 친구가 "나는 낙타를 닮았어."라고 대답했을 때 절대로 "왜 낙타야?"라고 물으면 안 된다. 왜냐하면 당신이 이유를 묻는 순간, 친구의 의식이 돌아오기 때문이다. 그렇다면 어떤 것을 물어야 할까? 아래의 몇 가지 질문은 간단하고도 효과적인 은유 정화淨化 문형이다.

"얼마나 커?", "무슨 색깔이야?", "무슨 모양이야?"
"좀 더 말해봐. 마치 내가 직접 너의 마음속을 보는 것처럼."
"배경이 있니?", "주변에 무슨 소리가 들리니?"
"네가 가장 궁금해하는 곳은 어디야?", "무엇이 가장 궁금하니? 조금만 더 말해봐."

은유로 표현하면, 타인이 더욱 가까이 다가온다

잠재의식의 세계에서 우리는 "무엇이……"로 "왜?"를 대신하는 법을 배워야 한다. 낙타를 예로 들어보자. 우리는 이런 질문을 할 수 있다.

"낙타의 눈이 어디를 보고 있니? 낙타 꼬리는 어떤 모습이야? 낙타의 어디가 너의 관심을 끄니? 낙타는 무슨 색깔이야?"

궁금한 화면 그 자체에 다가가라. 우뇌의 직감적인 화면 속에 머물면 잠재의식의 자원이 자연스럽게 따라오고, 심지어 넘쳐흐른다.

간단하게 "이런 나는 무엇을 닮았지?"라고 질문하는 것 외에도 좀 더 정밀하게 은유를 유발하는 질문이 있다.

"눈을 감고 일정한 거리를 둔 채 너 자신을 바라봐. 자신이 무엇을 닮은 것 같니?"
"그 멋진 경험이 네게 준 느낌은 무엇을 닮았니? 만약 한 가지 사물로 표현해야 한다면, 너를 기쁘고 흥분하게 만든 그 사람은 무엇을 닮은 것 같니?"

많은 사람의 마음속에는 해자의 보호를 받는 성이 한 채 있다. 해자 밖에는 초원이 있고, 그곳에는 높고 낮은 나무로 만든 울타리가 둘러 있다. 누군가에게 다가가려고 할 때 우리는 우리의 의도가 선하고 좋은 것이라는 확인을 받아야만 허락을 받고 울타리를 넘을 수 있다. 만약 서로에게 신뢰와 안전감이 생겼다면 해자의 가동교가 천천히 내려온다. 성에 들어간 후에는 일반적으로 동고동락한 경험이 있기 때문에 성안 가장 은밀한 방에까지 초대받을 수 있다.

또 다른 각도에서 보면, 우리는 가끔 누군가가 산 넘고 재 넘어 우리의 성에 다가오기를 바란다. 하지만 타인은 우리를 잘 알지 못하기 때문에 멀리서 성을 바라볼 뿐, 우리에게 가까이 다가오는 방법을 모른다. 만약 우리가 적적한 은유 언어로 자신을 표현하는 법을 익힌다면, 상당히 중요하고 핵심적인 능력이 될 수 있다.

한번은 지도 워크숍에서 한 젊은 여선생님이 이렇게 자신을 묘사했다.

"어렸을 때 서는 무척 얌전했어요. 마치……, 여러분은 다퉁바오바오타이완 다퉁회사가 1969년 출시한 마스코트를 본 적이 있나요? 꼿꼿이 서 있는 인형 말이에요."

그녀의 짧은 몇 마디에 많은 사람이 "쯧쯧" 소리를 냈다. 마음속에서는 안타까움이 솟아났다. 그녀는 꼿꼿이 서 있는 다퉁바오바오를 사용해서 일찍 철들고, 말 잘 듣고, 실수하지 않으려고 노력했던 자신의 모습을 형용했다. 정말로 적절한 은유였다! 다른 사람들은 순식간에 그녀를 좀 더 이해하게 되었다.

전할 수 없는 어려움, 건드리기 힘든 상처를 은유로 제거하라

내가 서른 살이 되던 해, 인생에서 감당할 수 없는 죽음이 연이어 일어났다. 마음이 가라앉고 두려움이 극에 달했지만 이런 나 자신을 하소연할 방법을 알지 못했다. 어느 날 동료들이 모인 자리에서 나는 용기를 내어 아래의 이야기로 어쩔 줄 몰라 굳게 잠갔던 마음의 문을 열어 보였다.

비가 무척 많이 내리는 날, 숲 속에 마멋 한 마리가 자신의 구멍 입구에 있었어. 집이 있어도 없는 거나 마찬가지였지. 구멍이 물에 잠기자 마멋은 이리저리 비를 피할 곳을 찾아다녔어. 하지만 결국 나무줄기 옆에서 오들오들 떨 수밖에 없었지. 마멋은 하늘을 바라보며 하느님께 물었어.

"이 비는 대체 얼마나 계속될까요?"

비는 한참을 계속 내렸어. 마멋에게는 이 비가 영원히 멈추지 않을 것처럼 느껴졌지.

내 이야기를 들은 영리한 친구 한 명이 아래의 이야기로 내 마음을 따뜻하게 해주었다.

숲속의 또 다른 곳 역시 비가 내리고 있었어. 토끼는 따뜻한 방에 앉아있었지. 방안은 등불이 환하게 비추고 있었어. 토끼는 손에 따뜻한 차를 들고 창밖에 내리는 비를 바라보았어. 마멋이 빗속에 있다는 것을 알았지만, 등불을 좀 더 따뜻하게 만들고 기다리는 수밖에 없었지. 어쩌면 마멋이 들어와서 쉬고 싶어 할 수도 있으니까 말이야. 비록 멀리 떨어져 있고 빗소리도 컸지만, 토끼는 마멋의 심장 뛰는 소리를 들을 수 있었어.

나는 용기를 내서 '영원히 멈추지 않을 것 같은 비'로 끝없는 어려움에 대한 괴로움을 묘사하고 이해받기 어려운 나 자신을 표현했다. 그러자 나와 함께해주고, 나를 사랑해주는 사람이 나타났다. 그리고 그날부터 빨간색 성에는 절친한 친구가 한 명 더 늘어났다.

은유 이야기는
사랑을 유동적으로 만든다

❦

몇 년 전, 나는 워크숍에서 초등학교 선생님인 샤오위(가명)을 만났다. 샤오위는 저학년 학생을 가르치는 일을 무척 좋아했는데, 이번 학기에는 고학년에 배정되고 말았다. 주변의 베테랑 선생님들이 그녀에게 조언했다.

"반드시 엄격하게 대해야 해. 학생들이 머리 꼭대기에 올라서게 해서는 안 돼. 안 그러면……."

샤오위는 이 경고의 탈을 쓴 협박에 마음이 불편해졌다. 왜냐하면 그녀는 아이들을 사랑하는 선생님이 되고 싶었지, 권위적인 선생님이 되고 싶지는 않았기 때문이다. 그러나 한편으로는 베테랑 선생님의 조언에도 일리가 있다는 생각이 들었다. 그래서 결국 마음의 전쟁에 빠지고 말았다.

워크숍에서 샤오위는 자진해서 현장 치료 시범의 주인공 역할을 맡았다. 전문적인 도움을 받고 싶었기 때문이다. 그녀는 저학년을 가르쳤을 때의 즐거운 기억을 떠올리며 말했다.

"초등학교 1학년 담임을 맡았을 때 수업이 끝나면 다른 선생님

들은 모두 교실에서 청소하거나 숙제 검사를 했지만, 저는 교실 밖에 있는 화원에 앉아있었어요. 아이들은 제 옆에 앉으려고 길게 줄을 섰죠. 저는 한 번에 두세 명씩 안아주었어요. 저는 이런 선생님이 의미가 있다고 생각했어요. 어쩌면 저는 아이들에게 가르친 게 없을지도 몰라요. 하지만 아이들이 멀리서 뛰어와 손을 흔들면, 저는 아이들이 저를 좋아한다는 사실을 알 수 있었어요. 그걸로 충분했어요! 그때 제가 가르쳤던 1, 2학년 아이들은 이제 4학년에 되었는데도 저를 볼 때마다 똑같이 행동해요. 다른 반 아이들도 그 아이들을 따라 저를 찾아와서 부러운 표정으로 이렇게 말하죠. '와! 너희의 예전 선생님은 이런 분이구나!'"

그러나 시간이 흘러 그녀는 억지로 고학년을 맡게 되었고, 고통지수는 높아졌다. 그녀는 고학년 학생과의 힘든 관계를 이렇게 묘사했다.

"고학년 학생은 모두 얼굴에서 반항심이 느껴져요. 영화를 보여 줘도 보는 둥 마는 둥 하고, 하라는 일은 하나도 안 하죠. 저는 제가 고학년을 오래 가르친 다른 선생님들과는 다르다고 생각했어요. 그렇게 변하고 싶지 않았죠. 그래서 학생들에게 말했어요. '무슨 일이 있으면 선생님한테 와서 상의하렴. 예를 들면, 학교에는 반드시 교복이나 체육복을 입어야 한다는 규정이 있어. 하지만 여름에는 교실이 너무 더우니까, 우리 반 안에서는 교복을 벗어도 괜찮아. 나는 너희에게 이런 자유와 배려, 선의를 나누고 싶어.' 하지만 학생들은 통제가 안 됐어요. 제가 조금 양보하면, 학생들은 한도 끝도 없이 제멋대로 굴면서 선을 넘어버리죠."

조련사와 어릿광대의 이야기

나는 열심히 샤오위의 이야기를 듣다가 마음속에 몇 가지 은유가 떠올랐다. 그래서 그녀에게 하나의 완전한 은유 이야기를 들려주기로 했다. 그 이야기는 이렇다.

서커스단에는 수많은 다양한 동물들이 있어요. 큰 동물과 작은 동물, 귀여운 동물과 사나운 동물이 있죠. 가끔은 가볍게 어릿광대 역할만 해도 어린아이들이 즐겁게 웃음을 터뜨려요. 그런데 당신은 어릿광대가 조련사가 된 것을 본 적이 있나요? 어릿광대가 커다란 철창에 들어가서 동물들을 조련하는 모습을 말이에요. 나는 당신의 상황이 이와 같다고 생각해요.

일반적으로 토끼는 철창에 가두지 않아요. 철장 속에는 호랑이와 사자를 가두죠. 어느 날, 어릿광대 옷을 입은 사람이 한 명 들어왔어요. 그녀가 말했어요.

"저는 억지로 조련사가 되었어요."

어릿광대가 철장에 들어가면 무슨 일이 일어날까요? 붙잡혀서 잡아먹힐 거예요. 그래서 반드시 자신을 보호하는 법을 배워야 하죠. 반드시, 반드시 자신을 보호해야 해요. 그런데 어릿광대는 계속 어릿광대 시절을 그리워했어요. 빨간색 공을 떨어뜨리면 아이들이 마음을 열고 웃음을 터뜨리던 날들을요. 그녀는 고집스럽게 채찍을 들기를 거부했어요. 채찍을 들면 사랑이 변할까 봐 두려웠거든요. 그것은 무척이나 깊고 깊은 두려움이었어요. 그녀는 사랑이 변하는 게 싫었어요. 너무 싫었어요!

그래서 그녀는 늘었다 줄었다 하는 채찍을 가지고 다녔어요. 길게 늘어나면 무서운 채찍이지만, 작게 줄어들면 오른쪽 뒷주머니에 넣을 수 있었죠. 그녀가 말했어요.

"저는 아직 어릿광대가 되어보고 싶어요."

결국 그녀는 사자에게 오른쪽 엉덩이를 물리고 말았어요. 지난번 공연에서 물어뜯긴 왼손 손톱도 아직 아물지 않았죠.

나중에는 서커스단에 들어갈 때마다, 철장에 들어가지도 않았는데 무섭고 불안해졌어요. 두려운 화면이 눈앞에 하나씩 펼쳐졌죠. 채찍을 꺼내야 할까요? 이제 정말 꺼내야 할까요? 이렇게 합시다. 이 질문은 너무 어려우니까, 일단 이 질문은 하지 않기로 해요. 먼저 아이들이 아주 어렸을 때 배워야 하는 일을 하나 생각해 보죠. 바로 동물을 인식하는 일이에요. 어린아이들이 가지고 노는 그림 카드가 있어요. 엄마 소, 아기 소가 그려져 있는 것 말이에요. 엄마 소와 아기 소를 함께 놓으면, 소를 인식했다는 뜻이죠. 더 고급스러운 장난감은 버튼을 눌렀을 때 소가 "음매" 하고 울어요. 이게 바로 동물 인식 수업이에요.

도감을 보면 왼쪽 위에 표범이 한 마리 있어요. 표범은 아름다운 얼룩무늬가 있고, 눈과 코 주변에도 매우 예쁜 무늬가 있죠. 표범의 다리는 우람하고 힘이 세요. 사람을 발로 차거나 물 수도 있죠. 좋아요. 두 번째는 호랑이고, 세 번째는 악어, 네 번째는 이리, 다섯 번째는 야크, 여섯 번째는 기린……, 그리고 열 번째는 토끼예요. 좋아요. 이것만 기억하세요. 표범과 호랑이에서 토끼까지, 그 사이에는 아직도 수많은 동물들이 있다는 사실을요.

그날 오후, 서커스단은 마침 우수한 조련사를 모집하는 중이었어요. 그때 그 어릿광대가 걸어 들어왔어요. 그녀는 속으로 생각했죠. '지금 같은 불경기에 만약 내가 조련사도 하고 어릿광대도 할 수 있다면, 서커스단은 분명히 나를 고용할 거야.' 그녀는 서커스단의 주인에게 이렇게 말했어요.

"저는 천성이 따뜻하고 사랑이 많은 어릿광대입니다. 동시에 저는 필요할 때마다 늘었다 줄었다 하는 채찍을 꺼내서 표범이나 사자, 호랑이가 말썽을 부리지 않게 통제하는 법을 배우고 싶어요."

채찍은 늘었다 줄었다 할 수 있다. 펼칠 수도 있고, 접을 수도 있다. 채찍을 세게 휘두르면 "쫙" 하고 펼쳐지고, 접으면 자동으로 도르르 말린다. 동물들이 말썽을 부리지 않도록 통제하는 이유는 자신에게 충분한 사랑을 남겨서 사랑하는 아이들에게 주기 위해서다. 가끔은 어쩔 수 없이 채찍을 들어야 할 때도 있다. 하지만 채찍을 거두는 방법만 기억한다면, 여전히 그 순수한 사랑을 사랑하는 아이들에게 줄 수 있다.

은유는 일상생활에서 발효되고 진화하며 창의력을 일으킨다

이 이야기를 들은 후 샤오위는 자신의 일상생활로 돌아갔다. 그리고 이 은유 이야기는 슬그머니 샤오위의 마음속으로 들어가 조용히 발효되기 시작했다. 이 이야기를 들었을 때는 여름방학이었다. 학교가 개학하자, 샤오위는 정말로 서커스단의 동물 분류를 시작했다. 개학 날 기분은 그전의 습관성 스트레스에서 재미와 즐거움으로 바뀌었다. 그녀는 마음속으로 지난날을 돌이켜보았다. 샤오위는 이렇게 말했다.

"개학 날, 저는 화이트보드 하나를 빌려서 책장 위에 올려놨어요. 이렇게 하면 언제든지 고개를 들어서 분류표를 확인할 수 있거든요.

....

1. 영리하고 사랑스러운 동물 (당분간 걱정할 필요 없는 학생)
2. 말 안 듣는 원숭이 (잘 해주면 안 되는 학생)
3. 교활한 여우
4. 단칼에 처단하고 싶은 나쁜 놈

....

저는 모든 학생의 이름을 인쇄해서 코팅했어요. 그 뒤에 자석을 붙여서 학생들의 행동에 따라 수시로 유형을 바꿀 수 있게 하려고요. 저는 마음속으로 생각했어요. '반드시 일주일 안에 학생들을 분류해야 해.' 이렇게 생각하니까 우습기도 하고, 뜻밖에도 굉장히 즐거웠어요. 저는 저학년은 반 전체가 귀여운 동물이지만, 고학년은 귀여운 동물을 거의 볼 수 없다는 사실을 깨달았어요. 서커스단과 조련사 은유를 통해서 일하는 장소와 대상이 변했다는 사실을 더욱 분명히 알게 되었죠. 일단 지금 맡은 반이 서커스단 같다고 생각하니까, 조련사의 역할을 해야 할 필요성이 생겼어요

개학하고 한 달이 지났을 때 샤오위는 완전히 새로운 깨달음을 얻었다.

"저는 그저 채찍만 휘두를 줄 아는 조련사가 아니에요. 저는

제가 돌고래를 좋아하고, 돌고래와 친해질 수 있는 아쿠아리움 관리원도 될 수 있다는 사실을 깨달았어요."

시간의 흐름에 따라 새롭게 등장한 이 은유(아쿠아리움 관리원)는 저학년을 가르칠 때의 넘치는 사랑과 고학년을 가르치면서 새롭게 얻은 통제 능력의 창의적인 결합이다. 효과적인 통제와 유동적인 사랑의 아름다운 조합인 것이다.

은유로 말하면 순식간에 이해시킬 수 있다

십수 년간 전문적인 상담 일을 해오면서 내가 가장 좋아하는 은유 이야기 세 개를 여기서 여러분과 공유하고자 한다.

쏜살같이 달리는 모터보트

첫 번째는 1998년에 만든 이야기다. 그때 나는 막 미국에서 진로 상담 석사 과정을 마치고 돌아와 모교의 상담 센터에서 일하고 있었다. 어느 날 쉬는 시간에 미국의 한 주립대학에서 국제 교환학생을 마치고 돌아온 젊은 후배가 복도에서 나를 보고는 질문을 쏟아냈다.

"선생님, 제가 중요한 결정을 해야 하는데 어떻게 해야 할지 모르겠어요. 저는 지금 동아리에서 회장을 맡느라 바빠요. 휴일에는 보육원에 가서 봉사활동을 하고, 저녁에는 실험실에서 연구소 선배와 함께 실험도 해야 하죠. 최근에는 교육 학업 과정을 신청할까 말까 고민 중인데, 제가 잘할 수 있을까요?"

나는 이 전도양양한 우수한 젊은이를 바라보면서 말했다.

"내가 방금 어떤 화면을 하나 봤는데, 뭔지 한번 들어볼래?"

후배의 얼굴에 호기심 어린 빛이 스쳤다.

"네, 듣고 싶어요!"

"나는 빛나고 아름다운 모터보드를 봤어. '부릉! 부릉! 부릉!' 하는 엔진 시동 소리가 크게 울렸지. 속력을 최대로 높인 모터보트는 시동을 걸자마자 맹렬히 앞으로 튀어 나갔어! 곧장 앞으로 튀어 나갔지……."

나는 후배가 한동안 말을 잃은 모습을 조용히 바라보았다. 이 영리한 젊은이는 눈을 크게 뜨고 한동안 멍하니 서 있다가 겨우 입을 열어 나에게 물었다.

"선생님, 그 모터보트는 결국 어딘가에 부딪히겠죠?"

나는 미소 지은 얼굴로 아무 말 없이 그를 바라보았다. 그는 고개를 숙여 잠시 생각에 잠기더니, 고개를 들고 웃으며 말했다.

"선생님, 이제 어떻게 해야 할지 알았어요. 감사합니다."

나중에 그가 교육 학업 과정을 신청했는지 안 했는지 사실

나는 모른다. 그가 어디로 갔는지도 모른다. 하지만 나는 "부릉! 부릉! 부릉!" 하는 모터보트의 시동 소리가 그의 곁에서 인생의 수많은 여정을 함께 했을 거라고 생각한다. 이 은유 이야기는 소리가 주축이 되었다는 점에서 무척 특별하다. 생동감 넘치는 모터보트 시동 소리로 듣는 사람의 감각을 높이고, 그로 인해 순간의 깨달음을 얻을 수 있게 해준다.

도자기 가게의 황소

두 번째는 나도 다른 사람에게 들은 이야기다.

스물아홉 살 때 나는 인간관계 문제로 상담원을 찾아가 도움을 구했다. 반년이 넘는 면담 기간 동안 내가 가장 분명히 기억하는 것은 상담원이 나에게 들려주었던 《도자기 가게의 황소》라는 이야기다. 내 기억 속의 이야기는 다음과 같다.

황소 한 마리가 최고급 도자기를 판매하는 고급 상점 안으로 들어갔다. 몸집이 큰 황소는 화가 나면 머리의 뿔을 휘둘러 진열대에 놓인 도자기를 부수고, 꼬리를 흔들어 수많은 예쁜 컵과 그릇들을 망가뜨린다.

이 짧은 이야기는 뜻밖에도 나의 인간관계에 큰 도움을 주었다. 일상생활에서 사람들과 어울릴 때 나는 쉽게 분노하고 감정을 분출하는 사람이었다. 이 생동감 넘치는 이야기를 들은 후, 나는 사소한 일로 화가 날 때마다 빨간색 황소가 도자기 가게에서 이리저리 움직이며 컵과 그릇을 깨부수는 화면이 떠올랐다. 이 화면이 나타나는 순간, 나는 얼른 심호흡하고 나 자신이 그 빨간색 황소라고 상상했다. 그리고 조용히 그 가게에서 걸어 나왔다. 황소가 컵과 그릇을 부수는 화면은 몇 년 동안 나와 함께 하면서, 반드시 화내는 방식으로 소통할 필요는 없다는 사실을 끊임없이 나에게 일깨워주었다. 황소 이야기는 전형적인 화면 은유로써 또렷하고 생동감 넘치는 화면을 통해 사람의 감지 능력을 끌어올려 자기 자신을 더욱 깊이 이해할 수 있게 해준다.

오리너구리

세 번째는 박사 논문을 쓸 때 한 영문 잡지에서 읽은 이야기를 번역한 것이다.

이 짧지만 강력한 이야기의 제목은 《오리너구리 이야기》이다.

오리너구리는 매우 특이하게 생긴 동물로, 오리의 주둥이와 수달의 꼬리를 가지고 있다. 오리너구리에게는 커다란 고민이 있었다. 오리와 함께 있을 때 그는 입을 벌려 소리내기가 무척 조심스러웠다. 왜냐하면 오리가 자신을 오리로 생각해 주기를 바랐기 때문이다. 그래서 오리가 자신의 소리를 듣고, "너는 오리가 아니야. 목소리가 틀렸어!"라고 말할까 봐 무척 두려웠다.

수달과 함께 있을 때 오리너구리는 주둥이를 물속에 감춘 채 기를 쓰고 꼬리를 흔들었다. 수달에게 "내 꼬리는 수달 꼬리와 똑같아."라고 알려주고 싶었기 때문이다

이 이야기는 많은 사람이 성장 과정에서 힘들게 발버둥 치는 모습과 닮았다. 우리는 모두 이렇지 않은가? 자신만의 독특함을 찾고 싶어 하면서도 남들과 다르게 보이는 것을 두려워한다. 수달에게 잘 보이려고 열심히 꼬리를 흔들기도 하고, 오리에게 같은 부류로 인정받으려고 애쓰기도 한다. 하지만 오리너구리는 오리도 아니고, 수달도 아니다. 오리너구리는 그냥 오리너구리다. 이 짧은 이야기는 마치 선종禪宗의 공안公案처럼 개념적인 은유 이야기로, 사람들을 깊이 생각하게 만든다.

꿈 분석과 꿈 부화孵化는
인생을 안내한다
– 애원하는 작은 양

학생들에게 자주 이런 질문을 받는다.

"선생님, 꿈에서 뱀(닭, 용)을 봤는데 이게 무슨 뜻인가요?"

뱀이나 개, 용, 닭 등을 보는 꿈은 동서고금 및 중국 전역에서 서로 다르게 해석된다.

중국에서 거북이 꿈은 대체로 장수를 상징한다. 한편 북아메리카 해변의 레스토랑에는 '거북이 수프'라고 불리는 유명한 요리가 있다. 중국인들은 아마 이 요리를 주문하기가 쉽지 않을 것이다. 그러나 어려서부터 이 수프를 먹고 자란 백인들의 기억 속에서 거북이 수프는 맛있는 음식을 대표한다. 따라서 북아메리카 해변 사람들이 거북이 꿈을 꾸는 것은 수프가 먹고 싶거나, 고향의 맛이 그리운 것과 강한 연관이 있을 수 있다. 다시 말해서 서로 다른 문화 배경에서는 꿈이 상징하는 것역시 근본적인 차이가 존재한다.

문화적 차이 외에도 실제로 꿈 분석을 할 때 뱀이나 개에게 쫓기는 꿈의 의미는 무척 '개인적'이다. 사람들이 꿈에서 만나는 사람이나 사물은 모두 자신만의 독특한 연결점을 갖기 때문이다. 예를 들어 개를 무서워하는 사람이 꿈에서 개를 보았다면 그가 두려워하는 사람이 가까이 다가오고 있다는 뜻일 수 있다. 반대로 개를 좋아하는 사람이 꿈에서 개를 보았다면 그가 좋아하는 대상이 가까이 다가오고 있다는 뜻일 수 있다. '개인적 꿈 분석'은 꿈의 주인에 따라 맞춤 제작한 꿈 분석 방법으로써 꿈을 꾼 사람이 마음속의 독특하고 의미 있는 연결점을 찾도록 돕는다.

꿈 부화의 세 가지 단계

개인적 꿈 분석을 학습할 때 '꿈 부화'라는 재미있는 방법이 있다. 꿈을 부화하기 위해서는 간단한 세 가지 단계만 있으면 충분하다.

> 1단계: 잠자기 전에 자신이 알고 싶고 탐색하고 싶은 일을 질문하고, 글로 적는다.
> 2단계: 잠에서 깼을 때 꿈이 기억나면 얼른 펜을 늘어 기록한다.
> 3단계: 꿈이 주는 정보와 질문을 대조하면서 꿈이 자신에게 무엇

을 말하고자 하는지 추측한다.

 한 가지 우스운 사례가 있다. 박사 과정을 등록하러 가기 하루 전날 밤, 꿈을 부화하기로 했다. 내가 자기 전에 적은 질문은 "박사 과정을 공부할 때 주의해야 할 점은 무엇일까?"였다. 그날 밤 나는 꿈을 하나 꾸었다. 꿈속에서는 오직 한 마디만 들려왔다.

 "네 얼굴이 보이니?"

 잠에서 깬 나는 꿈을 떠올리면서 자기 전에 질문을 적었던 노트를 꺼냈다. 그리고 혼자서 "킥킥" 웃음을 터뜨렸다. 꿈 내용과 자기 전에 적은 질문을 대조하자, 그 의미가 너무나 분명하게 드러났기 때문이다! 무의식은 나에게 박사 과정 첫 수업에 가기 전에 먼저 얼굴의 덥수룩한 수염부터 깨끗이 면도하라고 말했던 것이다.

애원하는 작은 양

 한번은 지도 워크숍에서 꿈 분석 시범을 보일 때 젊은 지도교사 샤오찬(가명)이 사람들에게 자신의 '애원하는 작은 양' 꿈을 공유했다. 나는 이 꿈이 개인적 꿈 분석의 전형적인 예라고 생각한다. 그래서 꿈 주인의 동의를 얻어, 여러분과 이 꿈을 공유하기로 했다.

이 꿈은 이틀 연속 진행된 워크숍의 첫날밤에 부화되었다. 샤오찬은 자신의 꿈을 이렇게 묘사했다.

"저는 한 무리의 양 떼가 창고 같은 커다란 공간에 갇혀 있는 꿈을 꾸었어요. 그 공간은 세 부분으로 나누어져 있었는데, 가장 바깥쪽에는 양이 없었고, 가장 안쪽과 가운데에는 모두 양 떼가 갇혀 있었어요. 곱슬곱슬한 흰 털에, 목이 굉장히 긴 양이었죠(내가 물었다. "얼마나 길었나요? 손짓으로 한번 보여줄래요?"). 목은 길었지만, 털은 작은 면양처럼 곱슬곱슬하고 가늘었어요. 얼굴도 꽤 길었고요…….

가장 안쪽에 있는 양은 매일 그곳에서 돼지처럼 먹고 자면서 편안히 웅크려 있었어요. 하지만 가장 작은 양 한 마리는 계속 주인에게 달려가서 나가고 싶다고 애원했어요. 작은 양은 바깥으로 나가서 세상을 보고 싶었죠. 작은 양은 계속 말했어요. '제발, 제발요!'

그 양은 말을 할 줄 알았거든요. 주인은 한 쌍의 부부였는데 계속 허락해주지 않았어요. 주인이 말했어요.

'너는 여기서 먹고, 미시고, 싸면 돼. 계속 먹고, 먹고, 또 먹으면 된다고.'

하지만 작은 양은 계속 말했어요.

'제발, 제발요! 제발, 제발요!'

그러자 뜻밖에도 주인이 고개를 끄덕였어요. 작은 양은 무척 기뻤어요. 가운데 공간에 있던 작은 양은 흥분해서 안쪽으로 뛰어갔어요. 그리고 거기서 몇몇 양을 발견하고 이렇게 말했죠.

'너희도 나가고 싶지 않니? 같이 가지 않을래?'

하지만 그 양들은 이미 먹이를 받아먹는 생활에 익숙해져 있었어요. 그들이 말했어요.

'됐어!'

더 안쪽에 있던 양들은 게을러서 아무런 반응도 없었어요.

저는 꿈속에서 양들이 먹은 사료가 그들을 멍청하게 만든 것 같다고 생각했어요. 그래서 한때 바깥으로 나가고 싶어 했던 것을 잊고, 편하게 그 안에 머무르기로 한 거죠. 나중에 농장 주인이 작은 양을 나가게 해주었어요. 작은 양은 얼른 바깥으로 뛰쳐나갔죠. 그런데 창고에서 나가자마자 맞은편에서 화물차 두 대가 달려오는 바람에 하마터면 차에 치일 뻔했어요. 무척 위험했죠. 하지만 작은 양은 두렵지 않았어요. 왜냐하면 드디어 바깥으로 나오게 되었으니까요. 작은 양은 몹시 흥분했어요. 위험을 만나더라도 상관없다고 생각했죠. 어차피 잠깐이면 괜찮아질 테니까요. 굉장히 용감하지요? 그런데 이상한 일이 일어났어요. 농장주인 부부가 차를 몰고 온 거예요. 조금 전까지는 작은 양이 나가게 해달라고 간절하게 부탁했잖아요? 그런데 이번에는 주인이

적극적으로 작은 양을 차에 태워서 농장 바깥까지 데려다주겠다
는 거예요. 작은 양은 몹시 놀라서 말했죠.

'정말 그래도 돼요?'

그러고 나서 저는 잠에서 깼어요."

이 색다른 꿈 이야기를 들으면서 호기심이 생겼다. 꿈의 장
면과 줄거리를 들은 후, 나는 샤오찬이 중요한 부분에 대해 깊
이 생각해보도록 이끌었다. 이 꿈이 무엇을 말하고자 하는지
이해할 수 있도록 말이다.

"꿈속에서 당신이 가장 궁금했던 화면이나 등장인물은 무엇
인가요?"

샤오찬은 매우 확신하며 대답했다.

"그 작은 양이요. 특히 어떻게 말을 할 수 있는지, 그리고 왜
계속 '제발, 제발요!'라고 말하는지가 궁금했어요!"

나는 샤오찬에게 강력하고 흥미로운 꿈 분석 방법을 알려주
었다. 바로 역할극이다.

"꿈에서 보았던 작은 양에게 들어가서, 당신이 그 양이 되어
보세요. 그리고 일인칭 시점으로 말하세요. '나는 작은 양이에
요'부터 시삭해서, 작은 앙의 마음을 이야기하면 됩니다. 준비
가 다 되면 바로 시작하세요."

샤오찬은 눈을 감고 역할극에 몰입했다.

"저는 작은 양이에요. 제발, 제발, 저를 나가게 해주세요! 제발 저를 나가게 해주세요! 저는 이곳에 갇혀있고 싶지 않아요. 왜 그저 먹고 자는 생활만 해야 하죠? 바깥세상은 크잖아요. 제발, 제발, 제발요. 저는 나가고 싶어요. 제발 절 나가게 해주세요! (흥분과 간절함이 섞인 목소리)"

이 생동감 넘치는 역할극을 보면서 기회를 놓치지 않고 샤오찬이 꿈속의 연결점을 찾을 수 있도록 이끌었다.

"혹시 당신의 마음속에 다른 사람의 허락이나 호응을 얻기 힘들 것 같은 열망이나 기대가 있나요? 일상생활에서 그런 일이 있나요? 관계일 수도 있고, 일일 수도 있고, 감정 문제일 수도 있어요. 뭔가가 '띵' 하고 튀어나오면서 '아! 바로 이거였어!'라고 말하지 않나요?"

샤오찬은 눈을 감고 이리저리 눈알을 굴렸다. 그러더니 곧 자신의 연결점을 말하기 시작했다.

"저……, 저의 부모님이 항상 제게 교사가 되라고 하셨던 거요. 막 교사 일을 시작했을 때 저는 부모님께 다른 일을 하고 싶다고 말씀드린 적이 있어요. 하지만 부모님은 교사가 안정된 직업이라고 생각하셨고, 다른 일을 하는 걸 허락하지 않으셨죠."

저런! 알고 보니 직업을 바꾸고 싶다는 열망이 꿈속에서 작은 양의 모습으로 나타났던 것이다. 매우 흥미로운 사실이었다. 나는 이어서 말했다.

"작은 양에게 이름을 하나 지어주세요. 무척 중요한 일이니까, 눈을 감고 천천히 생각해 보세요. 작은 양은 샤오찬 내면의 중요한 부분을 상징할 수도 있어요. 과거에는 그다지 힘을 발휘하지 못했지만, 없어지지 않고 계속 존재하다가 어젯밤에 나타난 것일 수도 있죠. 작은 양은 포기하지 않고 '제발, 제발, 제발 나가게 해 주세요'라고 말하고 있어요. 작은 양에게 이름을 지어주고, 그가 계속 존재하면서 당신에게 도움을 주도록 하세요."

샤오찬의 속눈썹이 흔들렸다. 잠재의식이 순조롭게 작동한 것이다. 잠시 후, 그녀는 눈을 뜨고 매우 힘 있는 이름을 말했다. 용감한 애원자. 이어서 샤오찬은 다른 몇몇 양들도 한때 작은 양처럼 바깥으로 나가고 싶다는 꿈을 꾸었지만, 안전한 환경에 익숙해지면서 현재 상황에 안주하게 되었다는 사실을 깨달았다.

나는 또다시 질문했다.

"이제 당신은 그 꿈이 당신에게 무엇을 말하고 있다고 생각하나요?"

그 순간 그녀의 의식과 무의식이 조화롭게 협력하기 시작했다. 샤오찬은 자신의 발견을 이야기했다.

"저는 기독교인이에요. 하나님은 우리가 당신의 어린 양이라고, 구하기만 하면 된다고 말씀하셨죠. 저는 그분이 저를 나가게 허락하시고, 제 곁에 함께 해주셨다는 사실에 감동했어요. 기독교 신앙에서는 당신이 구하기만 하면, 하나님은 당신이 생각한 것 이상의 것을 주신다고 가르치죠. 작은 양이 바깥으로 나갔을 때 농장 주변에는 커다란 울타리가 둘러 있었어요. 저는 그 안에서 자유롭게 달리는 것만으로도 충분히 만족했죠. 그런데 뜻밖에도 주인이 저를 차에 태우더니, 울타리 밖으로 나갈 거라고, 저를 데리고 나가서 놀게 해주겠다고 말했어요. 저는 깜짝 놀라서 '아! 정말이에요? 정말 그래도 돼요?'라고 말했죠(내가 물었다. "농장 부부는 무엇을 상징하나요?"). 음……, 처음에는 저를 안전한 곳에 속박하려는 부모님이라고 생각했어요. 하지만 나중에는 온유하게 제 곁에 함께하시는 하나님일지도 모른다는 생각이 들었죠. 제가 어디를 가든지 그분은 저와 함께하세요. 사실은 아침에 잠에서 깼을 때 이런 생각이 들어서 무척 감동했어요."

정말로 훌륭한 발견이었다. 나는 마지막으로 샤오찬의 무의식에게 한마디 하면서 이 꿈 분석 시범을 마무리했다.

무의식아, 샤오찬이 꿈을 부화할 수 있게 해줘서 고마워. 샤오찬은 오늘 사람들의 호기심 어린 마음과 따뜻한 눈빛 속에서 자신을 좀 더 이해할 수 있게 되었어. 자신이 현재 상황에 안주하는 모습을 보았고, 자신이 용감한 애원자라는 사실도 깨달았지.

무의식아, 고마워. 앞으로도 낮이든 밤이든 계속해서 좋은 정보를 보내줘. 이 꿈이 무엇을 말하는지, 초원과 울타리, 농장 바깥은 무엇을 상징하는지 이해할 수 있게 해줘. 무의식아, 계속해서 좋은 정보를 보내줘. 고마워.

잠재의식은 '두려워 말고, 나가!'라고 말한다

여기까지 읽은 여러분은 샤오찬이 잠들기 전 꿈 부화를 위해서 대체 무슨 질문을 썼는지 궁금할 것이다. 나도 여러분과 똑같이 궁금했다. 그래서 여기까지 꿈 분석을 마치고 나서 재빨리 그녀에게 잠들기 전 무의식에게 무엇을 질문했는지 물어보았다.

샤오찬은 자신이 했던 질문과 함께 그녀의 마음속에 떠오른 여러 가지 생각을 이야기했다.

"제가 자기 전에 했던 질문은 '내가 그림으로 돈을 벌 수 있을까?'였어요. 사실 저는 어려서 예능을 배운 적이 없어요. 그림도 그릴 줄 모르고, 피아노도 칠 줄 모르죠. 그러다가 이 년 전, 서른두 살이 되면서 그림을 배우는 일에 도전했어요. 선생님은 그림책을 그리는 분인데, 그림을 그릴 줄 모르는 사람도 할 수 있다고 말씀하셨죠. 저는 '정말 그래도 돼요?'라고 물었어요. 어려서부터 집이나 구름, 해만 그릴 줄 알았지, 동물도 제대로 못 그렸으니까요. 게다가 저는 입체 개념도 없어서 평면 그림만 그렸거든요. 그런데 선생님은 삽화는 상상력으로 그리는 거니까 괜찮다고 하셨어요. 저는 '오, 예!' 하고 외치고 싶었죠."

나는 기지를 발휘해 그녀에게 지금 가지고 있는 그림 작품이 있는지 물었다. 샤오찬은 휴대폰을 꺼내서 사람들에게 그녀의 작품을 보여주었다. 휴대폰 파일을 열자마자 현장에는 "우와!" 하는 감탄이 터져 나왔다. 그 그림은 아크릴 물감으로 그린 작품으로 무척 멋스러웠다.

이렇게 해서 이틀간의 꿈 분석 워크숍이 끝났다. 하지만 꿈은 그 자리에 머무르지 않았다. 우리 내면의 수많은 부분은 서로 다른 모습으로 꿈속에 나타난다. 꿈 분석은 퍼즐을 맞추는 것과 같다. 일단 한 조각이 확실해지면, 나머지 부분도 잇따라 맞춰진다. 그러면 전체 모습이 완전하고 분명하게 드러날 수 있다.

워크숍을 마친 그 날 저녁, 나는 놀랍고 기쁘게도 샤오찬의 이메일을 받았다. 그녀는 이메일에서 이렇게 말했다.

"허크, 오늘 앞에서 꿈 분석 시범을 보인 건 정말 행운이었어요!

인생에서 아직 개발되지 않은 미지의 세계는 정말 흥미로워요. 그 전에는 이해할 수 없다고 생각했던 꿈을 이렇게 간단하게 해석할 수 있다면, 인생에서 불가능한 게 뭐가 있겠어요? 집으로 오는 길에 저는 자신감으로 충만했어요. 마음속에서 '한번 해봐!'라는 목소리가 들려왔죠. 설사 바깥에 화물차가 있고, 어려움이 있고, 수많은 도전이 있더라도, 용감한 마음을 가지고 부딪혀보면 돼요. 열심히 애원하던 눈빛과 동경하던 마음을 잊지 않는다면 하나님은 반드시 저와 함께하실 거고, 저는 절대 외롭지 않을 거예요.

저는 자신의 작은 양이 불행하게 살기를 바라는 부모님은 없을 거라고 생각해요. 이 꿈을 해석하고 나서 저는 무척 감동했어요. 고마워요! 다음 단계의 꿈 분석 워크숍은 언제 열리나요? 기회가 된다면 저에게 아직 얼마큼의 가능성이 있는지 알아보고 싶어요!"

재미있게도 샤오찬은 나흘 뒤에 또 다른 이메일을 보내왔다. 그녀는 이메일에서 자신이 새롭게 발견한 사실을 이야기했다.

"허크, 저는 새롭게 발견한 두 가지 사실을 정리해봤어요.
첫 번째, 창고에는 칸막이만 있고 문이 없었어요. 양들은 일어서 얌전히 그 안에 머물러있었죠. 두 번째, 주인 부부가 작은 양을 차에 태웠을 때 작은 양은 여자 주인과 같은 앞좌석에 앉았어요. 남자 주인은 오른쪽에 앉아 있었고, 뒷좌석은 비어있었죠. 저는 이 상황을 이렇게 이해했어요.

첫 번째, 문이 없었던 이유. 이것은 무척 복잡하고도 놀라운 발견이에요! 창고에 갇혀서 간절하게 애원하던 작은 양은 사실 스스로 얌전히 그 안에 머무르면서 주인이 정한 규칙에 익숙해져 있었어요. 견고해서 깰 수 없는 문이 있다고 착각하면서 말이에요. 주인이 '그래!'라고 말했을 때 작은 양은 기뻐서 창고를 들락날락했어요. 처음부터 문은 없었으니까요! 제 생각에 그 양들은 질서를 지키고 싶었던 것 같아요. 질서를 따르면 위험할 일이 없으니까, 조용히 작은 우리를 지키고 있었던 거죠.

두 번째, 작은 양이 여자 주인과 함께 앉고, 남자 주인은 오른쪽에 앉았던 이유. 주인 부부는 작은 양에게 뒷좌석에 앉으라고 하지 않았어요. 오히려 앞좌석에서 여자 주인과 같은 자리에 끼어 앉게 했죠. 이로써 주인이 작은 양을 소중하게 여긴다는 사실을 알 수 있어요. 《성경》에는 '그가 나의 오른쪽에 계시므로 내가 흔들리지 아니하로다. 이러므로 나의 마음이 기쁘고 나의 영도 즐거워하며 내 육체도 안전히 살리니'라는 말이 나와요. 저는 하나님이 저와 함께하시고, 저를 이끄신다는 사실에 감동했어요. 이 길에서 저는 결코 버려지거나 외롭지 않아요. 여기까지 해석하고 나니까 무척 만족스러워요. 그래서 허크와 공유하고 싶었어요!"

샤오찬의 감동적인 새로운 발견을 읽으면서 온몸에 전율을 느꼈다. 워크숍이 끝난 후에도 이렇게 많은 발견을 하다니, 정말 대단했다. 앞으로도 샤오찬은 일상생활에서 지속적으로 작은 양의 다양한 모습을 발견하고 이해하려고 노력할 것이다. 이렇듯 작은 양 은유는 활기차게 뛰어다니며 현실 생활에서 꿈의 주인과 함께하고 있다.

훌륭한 잠재의식의
힘을 경험하다
– 농아 학교 꿈

　몇 년 전, 대학 상담 센터에서 대학교 2학년생 샤오윈(가명)을 만났다. 샤오윈은 대학교 1학년 때 친하게 지냈던 친구들이 몇몇 갈등으로 인해 자신을 완전히 무시하게 되자 고민에 빠졌다. 샤오윈은 무척 괴로웠다. 우정을 되돌리기 위해 많은 노력을 했지만, 반년이 지나도 나아질 기미가 보이지 않았다. 샤오윈은 점점 수업에 가는 게 싫어졌고, 수시로 눈물이 흘러나왔다.

　샤오윈의 상담원으로서 나는 그녀가 무척 안쓰러웠다. 그러나 한편으로는 친구에게 배제되는 일이 스무 살 전후의 젊은 이들이 종종 겪는 성장 과정이라는 사실도 잘 알고 있었다. 여섯 번째 면담 시간에 샤오윈은 자신이 꾼 꿈을 이야기했다. 그 꿈의 내용은 이렇다.

첫 번째 부분
　"수업을 마치는 종소리가 울렸어요. 교실을 나서자 원래 친구였던 아이 두 명이 계단 모퉁이(올라갈 수도 있고 내려갈 수도 있는 곳)에 서 있는 모습이 보였어요. 저는 그 아이들에게 물었어요.

'같이 가지 않을래?'

그 아이들은 웃으면서 괜찮다고 했어요. 저는 거절당하는 데 익숙해서 그 순간에는 잠깐 속상했지만 곧 몸을 돌려 위층으로 올라갔어요."

두 번째 부분

"저는 엘리베이터를 타고 맨 꼭대기 층을 눌렀어요. 꼭대기 층에 도착해서 복도로 걸어나가는데, 구석에 몇몇 학생들이 모여서 뭔가를 두드리며 리듬 연습을 하고 있었어요. 하지만 아무 소리도 나지 않고 조용했어요. 교실 안은 훤히 트여 있는데 사람은 별로 없었어요. 무척 조용한 또 다른 세계였죠. 정말 이상했어요. 그렇게 큰 교실 안에 선생님 한 명과 학생 세 명만 있다는 게 말이에요. 바닥은 누워도 될 정도로 깨끗했어요. 고개를 돌려 주위를 둘러보는데, 문득 강한 직감이 들었어요. 그곳은 농아 학교였던 거예요"

세 번째 부분

"그때까지 오른쪽만 바라보던 저는 고개를 돌려 왼쪽을 봤어요. 그러자 담 너머 아름다운 풍경이 눈에 들어왔어요. 높고 아름다운 산에 올라야만 볼 수 있는 산 풍경이 멀지도 가깝지도 않은 곳에 있었죠. 그 풍경은 무척 깨끗하고 색깔이 선명했어요. 파란 하늘, 초록 산, 하얀 구름. 초록 산은 만화 영화에 나오는 에메랄드그린이었고, 파란 하늘도 만화 영화에 나오는 순수한 파란색이었어요. 하얀 구름은 뭉게뭉게 떠 있는 게 아니라, 가지런하고 반듯하게 산을 둘러싸고 있었고요. 너무나 아름다운 풍경이었어요. 저는 그 아름다움에 압도되어 말문이 막혔어요. 몇 초 뒤 정신이 돌아오자 저는 소리를 지르기 시작했어요. '꺅! 꺅(비명) 너무 아름다워!' 저는 눈을 크게 뜨고 그 풍경을 기억하기로 했어요."

내면의 목소리를 들으면, 잠재의식은 떠나지 않는다

샤오윈의 생생한 꿈 이야기를 들으면서 세부적인 줄거리와 그녀의 감정을 열심히 기록했다. 나는 진심을 담아 샤오윈에게 물었다.

"잠시 후 꿈 분석을 할 때 혹시 나한테 바라는 점이 있니?"

샤오윈은 잠시 생각하더니 이렇게 말했다.

"진중함과 호기심, 그리고 이해심이요."

나는 가슴을 툭툭 치면서 말했다.

"문제없어. 여기에 다 있으니까"

그런 다음 샤오윈에게 눈을 감고 두 번 심호흡하라고 말했다. 그리고 작은 목소리로 물었다.

"이 꿈이 일상생활 속 어떤 일을 떠올리게 만들었니?"

내 질문이 떨어지자마자, 샤오윈은 뜻밖에도 무척 매끄럽게 자신의 소중한 발견을 이야기하기 시작했다.

"꿈의 첫 번째 부분에서 '친구와 마주친 후 몸을 돌려 위층으로 올라간 일'은 친구들과 싸운 후 계속 마음에 남아있던 상처를 의미해요. 잠재의식은 저에게 이제 일 년이나 지났으니 그만 친구들을 놓으라고 말하죠. 몸을 돌려 위층으로 올라간 건 제가 계속 노력하며 성장하는 것을 상징하고요. 잠재의식은 저에게 '올라가. 꼭대기까지 올라가면 아름다운 풍경이 기다리고 있어!'라고 말하고 있어요. 저는 언젠가 멀리 있는 그 산꼭대기에 오를 수 있을 거예요.

두 번째 부분에서 '무척 조용한 농아 학교'가 말하는 건, 제가 성장하는 단계에서 발걸음을 늦추고, 말을 적게 하고, 외부의 목소리를 적게 들어야 한다는 뜻이에요. 내면의 목소리를 들으면서 조용히 생각하고, 소음이 마음속에 들어와 저 자신을 괴롭히는 것을 막아야 하죠. 저는 마음속으로 그곳이 농아 학교라는 사실을 확신했어요. 앞으로 답답하고 괴로운 일이 생기면 저는 저 자신에게 이렇게 말할 거예요. '너무 조급해하지 마. 영혼의 평화를 소홀히 하면 안 돼. 조용한 장소를 찾아서 제때 마음을 진정시켜.' 이렇게 하면 내면의 중요한 목소리를 들을 수 있어요. 외부의 창문을 닫으면 내면의 소리가 분명하게 들리니까요.

세 번째 부분에서 '원래 있던 곳에서 고개를 돌린 일'은 어려움을 만났을 때 만약 제가 고개를 돌린다면 새로운 발견을 할 수 있다는 뜻이에요. 고개를 돌려 반대편에 있는 아름다운 산 풍경을 바라보았던 것처럼 말이에요."

그녀의 이야기를 들으면서 눈가가 촉촉해졌다. 눈앞의 이 젊은 친구는 놀랍게도 훌륭한 잠재의식을 지니고 있었다. 여섯 번의 면담 동안 우리는 어려움에서 벗어나기 위해 열심히 노력하지 않았던가! 잠재의식이 보낸 꿈은 강력하게 수많은 이야기를 들려주었다. 샤오윈이 꿈에 대해 말하는 동안, 참지 못하고 다섯 번 정도 감탄을 내뱉었다.

"네 잠재의식은 정말 똑똑하구나!"

이 농아 학교 꿈은 간단히 해결되었다. 그리고 샤오윈은 자신을 좀 더 이해하게 되었다. 샤오윈이 자신의 발견을 이야기할 때 그녀의 눈물이 천천히 뺨을 따라 흘러내렸다. 나는 안타까워하면서도 한편으로는 감탄했다. 면담을 마치기 전에 샤오윈이 눈시울을 붉히며 말했다.

"저는 항상 제가 외롭다고 생각했는데, 사실은 그게 아니었어요. 잠재의식이 항상 저와 함께하니까요. 예전에는 잠재의식의 존재를 몰랐지만 지금은 알게 되었고, 무척 따뜻하게 느껴져요. 과거부터 지금까지, 지금부터 미래까지, 잠재의식은 저를 버리거나 떠나지 않고 항상 저와 함께할 거예요. 제 삶이 멈추는 그 순간까지 말이에요."

이 이야기를 다 쓰고 나서 샤오윈에게 이메일을 보내 수정할 곳이 있는지 물어보았다. 샤오윈은 재빨리 답장을 보내왔다.

"선생님, 저는 선생님의 글을 읽고 또다시 목이 메었어요. 제 꿈을 아름다운 글로 기록해주셔서 감사해요. 선생님이 함께해주신 덕분에 저는 스무 살에 제가 좋아하는 모습으로 성장할 수 있었어요. 비록 지금도 가끔 기분이 가라앉을 때가 있지만, 선생님이 '그게 바로 인생이야'라고 하셨던 말씀을 떠올리면 금방 회복할 수 있어요. 세상에! 지금 이 순간 제 마음이 얼마나 두근거리는지 문자로 표현하고 싶어요! (비명, 비명, 비명) 보아하니 수많은 비명으로 제 마음의 흥분을 표현하는 수밖에 없겠네요!"

부록1

자신감 연습

이 책의 토론 내용은 독서 모임이나 단체에서 사용할 수 있다.

아래의 두 가지 질문은 이 책의 각 장과 절에 적용된다.

당신을 '멈추게' 만드는 문장은 무엇인가? 천천히 읽고 싶은 문장, 여러 번 읽게 되는 문장, 자신의 경험을 떠오르게 만드는 문장은 무엇인가? 이러한 문장과 자신과 문장의 연결점을 공유하라.

당신의 마음속에 "앗! 나도 일상생활에서 이렇게 해봐야지. 이렇게 나 자신과 말해봐야지"라는 목소리가 튀어나오게 만드는 문장은 무엇인가? 이러한 문장을 공유하고, 그 문장에 대한 감정이나 생각, 또는 자신의 이야기를 해보라.

제1부
자신을 사랑하고,
자아를 확립하라

당신은 자신의 일부를 잃지 않았는가?

1. 일상생활에서 당신의 내면에 자주 등장하는 두 개의 목소리는 무엇인가?

2. 우리는 때때로 가족의 기대에 부응하기 위해서 자기 내면의 진정한 생각을 감춘다. 친구의 필요를 만족시키기 위해서 자기 내면의 진정한 감정을 숨기기도 하고, 사랑하는 사람의 기호에 맞추기 위해서 자신이 진정으로 갈망하는 것을 포기하기도 한다. 인생의 어떤 부분을 되돌리면 당신의 인생이 좀 더 온전함에 가까워질까?

3. 일상생활에서 당신은 자신의 어떤 부분을 자주 외면하는가? 일상생활의 복잡한 문제 속에서 당신이 가장 자주 억압하거나 포기하는 부분은 무엇인가?

4. 함께 공존 연습을 해보자. 지금 이 순간 당신이 공존시키고 싶은 부분은 무엇인가?

5. 만약 외면당한 자신이 산산이 흩어진 퍼즐이라면, 당신은 공존 연습을 통해서 어떤 조각을 맞추었는가?

나답게 살 것인가, 깡통으로 살 것인가?

1. 당신이 깡통으로 사는 것을 받아들일 수 있는 일은 무엇인가? 그 이유는 무엇인가? 당신이 반드시 자신의 내면의 목소리를 듣고, 자신답게 사는 것을 포기할 수 없는 일은 무엇인가?

2. '나답게 사는' 길에서 당신은 무엇을 느꼈는가? 무엇이 걱정되는가? '깡통으로 사는' 길에서 당신은 무엇을 느꼈는가? 어떤 기분이 들었는가?

3. 남들이 당신에게 기대했던 모습은 무엇인가? 당신은 언제 자신의 내면의 목소리를 들었는가? 어떻게 듣게 되었는가?

4. 지금까지 인생을 살면서 당신이 했던 '깡통으로 사는' 경험과 '나답게 사는' 경험은 무엇인가? 그 경험을 통해 얻은 것은 무엇인가? 잃은 것은 무엇인가?

평범하고 보잘것없어도 독특한 아름다움을 추구하라

1. 일상생활에서 당신은 어떤 특별하고 재미있는 경험을 했는가? 어떤 순간에 인생이 즐겁고, 자신이 마음에 드는 경험을 했는가? (그런 순간은 대부분 독특한 아름다움의 발원지다)

2. 일상생활에서 당신은 어떤 순간에 자신이 평범하고 보잘것없게 느껴지는가?

3. 어렸을 때 즐겨 먹던 계란빵을 기억하는가? 침이 줄줄 흐르게 만들던 골목길 돼지고기 덮밥을 기억하는가? 이것들은 모두 평범하지만

감동적이다! 서로를 잘 알게 되었다면, 함께 피드백을 주는 연습을 해보자. 상대방에게서 어떤 평범함과 독특함을 보았는지 말해보라.

자신이 경험하고 있는 것을 믿으라

1. "이렇게 안정적이고 좋은 직장이 또 어디 있니?", "이렇게 자상한 남자친구는 눈 씻고 찾아도 만나기 힘들어. 얼른 시집 안 갈래?" 우리는 이런 말들을 자주 듣는다. 하지만 진실한 감정은 우리의 마음속에 있다. 다른 사람의 의견과 생각을 너무 많이 듣다 보면 자신의 내면의 목소리를 외면하게 된다. 심호흡하면서 내면의 목소리를 들으라. 최근 당신이 경험하고 있는 것은 무엇인가? 당신이 진지하게 믿어야 할 것은 무엇인가?

2. 자신이 경험하고 있는 것을 믿으며 명예로운 전쟁을 치르라. 당신에게 필요한 무기는 무엇인가?(예를 들어 용기, 의지, 부지런함 등)

어려움과 비판 앞에서 어떻게 해야 할까?

1. 인생에서 당신에게 자양분을 공급하는 말은 무엇인가? 당신이 자신답게 살 수 있도록 힘을 주는 사람은 누구인가? 어떤 일을 할 때 그들이 머릿속에 떠오르는가?

2. 나는 땀 흘리며 테니스를 치거나 따뜻한 문자를 읽으면서 나의 행복을 책임진다. 그렇다면 당신이 자신의 행복을 책임지고 싶을 때 하는 가장 효과적인 행동은 무엇인가?

3. 어떤 일, 어떤 장소, 어떤 사람이 당신이 비옥한 토양이 있는 곳으로 이동하는 것을 도와주는가?

수도관을 고쳐야 할까, 바꿔야 할까?

1. 당신이 오랫동안 파고든 일은 무엇인가? 분명 당신에게 매우 중요한 일일 것이다. 당신은 어떤 생각과 마음가짐으로 계속 그 일을 파고드는가?

2. 새로운 행동이나 반응이 있었으면 하는 일을 생각해보라. 그 일을 공유하면서 자신이 수도관을 고치는 것을 선호하는지, 바꾸는 것을 선호하는지 알아보라.

3. 당신은 좌절 앞에서 반성하고 후회하고 원망하는 것을 선택하는가, 아니면 새로운 가능성을 창조하는 것을 선택하는가? 최근 당신을 좌절하게 만들었던 일을 생각해보고, 당신이 어떻게 대응했는지 공유하라. 그리고 새로운 시선으로 그 일을 바라볼 수 있는지 시도해보라.

자신을 과대평가해야 할까, 과소평가해야 할까?

1. 당신은 어떤 역할과 자리에서 자신을 과대평가하는가? 조정하고 싶은 부분이 있는가?

2. 당신은 어떤 역할과 자리에서 자신을 과소평가하는가? 조정하고 싶은 부분이 있는가?

3. 우리는 때로는 거인처럼 조그만 공간에서 옴짝달싹 못 하고, 때로는

소인처럼 커다란 공간에서 전전긍긍한다. 당신이 어떤 역할을 할 때 이런 느낌이 들었는지 조원들과 공유하라.

공존 연습: 받아들이기 싫은 모습과 마음에 드는 모습을 통합하라

1. 당신이 가장 쉽게 마음을 털어놓을 수 있는 사람은 누구인가?
2. 두 명이 한 조가 되어 일상생활에서 자주 하는 걱정을 가지고 공존 문형을 연습하라. 연습이 끝나면 서로 느낀 점을 공유하라.

제2부
자신의 이야기 속에서
자신감을 키우라

자신을 위한 자리를 찾으라, 독특함을 찾을 수 없다면
아름다움을 창조하라

1. 다른 사람이 바라봐주고 사랑해주었던 긍정적인 경험을 말해보라.

2. 다른 사람에게 '기억된' 경험이 있는가? 그 아름다운 경험을 말해보라.

3. 당신은 언제 '다른 사람을 기억하는' 좋은 선물을 주었는가?

4. 일상생활에서 삶을 풍부하게 만들 기회가 있다면, 당신은 무엇을 더
   하고 싶은가?

자신감은 어디에서 오는가?

1. 당신은 자신의 어떤 한계를 받아들이는가?

2. 당신은 어떤 일을 할 때 자신을 점점 더 좋아하게 되는가?

3. 일상생활에서 자양분을 얻었던 경험이 있는가? 어떤 경험이었는가?

자신감을 심고 뿌리내리게 하라, 인생에 어떤 새로운
가능성을 더할 것인가?

1. 오늘 또는 최근 며칠 동안 언제 행복했는가?

2. 두 명이 한 조가 되어 상대방을 인터뷰하라.

　"오늘 당신이 무슨 일을 하면 자신을 더욱 좋아하게 될까요?"

3. 현재를 걸어가는 길에서, 당신은 인생에 어떤 새로운 가능성과 선택권을 더하고 싶은가?

4. 당신은 자신의 인생에 무엇을 더하고 싶은가?

사랑받으면 제대로 성장할 수 있다

1. 당신이 좋아하는 사람은 '자신을 바라보는' 비율과 '타인을 바라보는' 비율이 얼마나 되는가? 당신이 싫어하고 가까이하기 싫은 사람은 '자신을 바라보는' 비율과 '타인을 바라보는' 비율이 얼마나 되는가?

2. 당신은 타인을 돌보는 일과 자신의 내면을 아끼는 일 사이를 어떻게 드나드는가? '좋은 사람'과 '좋은 나' 사이에서 당신은 어떻게 균형을 잡는가?

3. 인생의 지금 이 순간, 주변 사람들이 진심으로 좋아하는 당신의 모습은 무엇인가?

솔직하게 자신을 드러내도 사랑받을 수 있을까?

1. 자신이 좋은 일을 알리기를 좋아하는지, 나쁜 일을 알리기를 좋아하는지 생각해보라. 당신은 그런 자신이 마음에 드는가?

2. 당신이 아는 사람 중에 솔직하게 자신을 드러내는데도 당신이 진심으로 좋아하는 사람은 누구인가?

3. 단체 활동에서 리더는 이렇게 말하라.

"마지막 글을 읽고 나면 눈을 감고 마음속 목소리를 들어보세요. 때때로 다른 사람의 눈이나, 스스로에 대한 요구가 자신을 사람답지 않게 만듭니다. 진심으로 즐겁고, 행복하고, 걱정하고, 두려워하며, 좋은 일과 나쁜 일을 모두 알려야 사람답지요! 여러분, 눈을 감고 마음속에서 좋은 일과 나쁜 일을 모두 알리는 '사람다운' 자신이 하는 말을 들어보세요. 펜을 들어 기록해도 좋습니다. ……마지막으로 당신이 신뢰하는 조원에게 느낀 점이나 하고 싶은 말을 해보세요."

자신감을 공급하는 좋은 친구를 찾으라

1. 당신의 인간관계를 '빨주노초' 시스템으로 분류하라. 분류를 마쳤으면 어떤 친구의 위치를 옮기고 싶은지 생각해보라.

2. 성안에 있는 빨간색 친구에 대해 말해보라. 그들은 어떻게 해자를 건넜는가?

자신에게 자양분을 공급하는 동력을 만들라

1. 이 글을 읽은 후, 당신이 접촉을 시작하고 싶은 사람은 누구인가? 어떻게 할 계획인가?

2. 망설이지 말고 그리운 가족이나 친구와 접촉을 시작하라.

3. 이 글에서 당신에게 감동을 준 구절은 무엇인가? 당신이 감동한 이유는 무엇인가?

제3부
현실 세계의 도전을 맞이하라

인생의 물살 속에서 항상 중심으로 돌아가라

1. 인생이라는 다컷 만화 속에서 당신은 어느 곳에 가장 자주 머무르는가? 당신은 그곳에 머무르는 것을 좋아하는가?

2. 책 속의 방법을 제외하고, 당신이 내면으로 돌아가기 위해 가장 자주 사용하는 방법은 무엇인가? 어떤 방법이 당신을 더욱 힘차게 살아가게 하는가? 조원들과 좋은 방법을 공유해보라.

인생의 광채 vs. 홀가분함

1. 당신의 인생에서 가장 중요한 원칙은 무엇인가? 수정이 필요한 부분이 있는가?

2. 최근 3개월간 당신이 행동으로 옮긴 참여형 휴식이 있는가?

결과와 상관없이 열심히 준비하라

1. 당신은 어떤 일을 할 때 '열심히 준비하는' 과정을 즐길 수 있는가? 어떤 일을 할 때 '결과'만 중시하게 되는가? 지금 이 순간, 당신은 어떤 중요한 일이나 관계에 '시간 분단' 개념을 적용해서 내면세계에 열심히 준비하는 과정과 결과를 독립적으로 존재하게 만들고 싶은가?

2. '열심히 준비'해서 '아름다운 결과'를 얻었던 행복한 경험을 공유하라.

당신은 자신의 일부를 잃지 않았는가?

1. 당신은 어떤 방식으로 자신의 노력과 헌신, 행복과 기쁨을 계산하는 가? 조원들과 당신의 좋은 방법을 공유해서 그 아름다움이 다른 사람의 인생에서도 뻗어 나가게 하라.
2. 당신 인생의 화원에는 따사로운 햇볕과 부드러운 바람이 있다. 씨앗도 싹트기 시작했다. 이 순간, 당신은 어떤 선물로 이 화원을 양분과 축복으로 충만하게 만들고 싶은가?

당신은 자신의 일부를 잃지 않았는가?

1. 책에서 언급한 '행동으로 생각을 대신하기'와 '더욱 깊숙한 곳의 자신과 접촉하기'는 기분이 나아지지 않을 때 자신을 위로하는 좋은 방법이다. 당신은 이러한 경험이 있는가?
2. 일상생활에서 당신은 어떤 방식으로 걱정의 순환을 중단시키는가? 생활 속 예를 들어 공유해보라.

당신은 자신의 일부를 잃지 않았는가?

1. 자유의 밑바탕은 자율과 책임이다. 최근 몇 년간 당신은 어떤 식으로 자신의 인생을 책임지고 자신을 성장하게 만들었는가?
2. 앞으로의 인생에서 당신은 어떤 꽃을 피우고 싶은가? 인생의 지금 이

순간, 당신이 자신을 위해 하고 싶은 자기 절제는 무엇인가?

당신은 자신의 일부를 잃지 않았는가?

1. 당신의 두 개의 컵은 얼마나 멀리 떨어져 있는가?

2. 당신의 마음속에 존재하는 "맞아YES ……, 그런데BUT ……"는 무엇
인가? 이것을 "맞아YES 나는 ……, 그리고AND 나는 ……"으로 바꿀
수 있는가?

제4부
멋진 삶을 위한 비밀 무기

제4부는 전부 잠재의식의 개념과 예시로 이루어져 있다. 따라서 이 부분은 전체를 다 읽은 후에 공유하고 토론하는 것이 좋다. 다음은 제4부 전체에 대한 내용이다.

1. 친한 친구에게 <내면의 보석 깨끗이 닦기> 원고(부록2 참고)를 읽어 달라고 부탁하라.

2. 당신은 꿈이 무엇을 닮았다고 생각하는가? 당신과 꿈의 관계는 어떠한가?

3. 최근 반년 동안 당신이 꾼 꿈 중에 가장 기억에 남는 꿈은 무엇인가?

4. 동물이나 물건, 자연 현상으로 자신을 형용한다면, 최근의 당신은 무엇을 닮았다고 생각하는가? 당신은 그런 자신이 마음에 드는가? 어디가 마음에 드는가?

5. 5년 후, 10년 후, 당신은 무엇을 닮기를 바라는가?

6. 아래의 두 가지 단계에 나온 질문을 은유를 사용해서 대답해보라.

1단계

세 명이 한 조가 되어 한 사람씩 돌아가며 주인공 역할을 맡는다. 나머지 조원들은 경청하면서 주인공의 사랑스러운 모습을 수집한다. 아래의 예를 참고하라.

"눈을 감고 당신이 좋아하는 사람을 생각해보세요. 그 사람은 당신에게 무엇을 알려주었나요? 그는 당신의 어떤 점을 가장 좋아하나요?"

"당신을 싫어하지만 인정하는 사람은 당신을 어떻게 이야기하나요?"

"눈을 감고 말해주세요. 당신의 가장 친한 친구는 당신의 장례식에서 무슨 말을 할까요? 그는 당신을 어떻게 추억할까요? 그는 당신의 어떤 모습을 추억할까요?"

"인생에서 당신이 가장 빛나고, 자유롭고, 거리낌 없었던 때는 언제인가요? 그때의 자신을 묘사해 보세요."

2단계

조원들은 주인공에게 적당한 은유를 찾으라고 요청한다.

"눈을 감고 마음속으로 자신을 바라보세요. 자신의 표정과 모습을 보고, 목소리를 들어보세요. 마음속에서 어떤 느낌이 떠오를 거예요. 그래, 맞아요. 그런 당신은 무엇을 닮았나요?"

부록2

내면의 보석 깨끗이 닦기

은유 치료 훈련을 시작한 지도 눈 깜짝할 사이에 벌써 15년이 넘었다. 훈련에서 사용하는 은유 강의는 대부분 수년에 걸쳐 4, 50번 이상 수정한 것들이지만, 몇몇 힘 있는 전형적인 활동들은 여전히 변치 않고 남아있다. '내면의 보석 깨끗이 닦기'도 그중 하나다. 무척 간단한 활동이지만, 워크숍에 참가한 많은 사람이 이 활동을 하고 나면 깜짝 놀란다.

"어머! 내면의 보석을 깨끗이 닦으니까, 기분이 새로워졌어요!"

어떤 사람은 마음이 진정되고, 어떤 사람은 마음이 놓이고, 어떤 사람은 자기 자신과 더욱 가까워졌다고 느낀다. 많은 사람이 질문한다.

"어떻게 이럴 수 있죠?"

그러면 나는 항상 이렇게 대답한다.

"왜냐하면 우리가 내면의 화면에 의지해서 살아 숨쉬기 때문이죠."

이 활동은 무척 간단하다. 일단 나는 사람들에게 눈을 감고 조용히 내면의 보석을 바라보라고 요청한다. 그런 다음 맑은

물이나 깨끗한 천으로 그 보석을 깨끗이 닦는 것이다. 만약 맨 처음 당신이 본 보석 위에 먼지가 쌓여 있다면, 그것은 당신의 삶도 먼지를 뒤집어쓰고 있다는 뜻이다. 보석을 닦기 전까지 우리는 시커먼 일상 속에 살아간다. 하지만 보석을 닦고 나면 반짝반짝 빛이 나고, 내면도 따라서 밝아진다. 또한 우리에게는 눈부신 가능성이 생긴다. 이것은 '지도(MAP)'라는 개념이다. 지도가 지저분하면, 우리는 아무것도 할 수 없다. 그러나 지도가 깨끗하면, 우리는 희망을 품고 침착하게 앞으로 나아갈 수 있다. 언제든 당신의 마음이 평화로울 때 좋아하는 음악을 틀고(단순한 피아노나 기타, 자연 음악 모두 좋다) 친한 친구에게 아래의 원고를 읽어달라고 부탁하라.

눈을 감고 몸을 똑바로 세워서 앉으세요. 오른손을 정수리에 대고 천천히 목으로 내려와, 자신의 몸을 쓰다듬습니다. 좋아요. 당신의 속도에 맞춰서 하면 됩니다. 자신의 몸을 만지는 것만으로도 마음이 진정되지요. 또 다른 손을 정수리에 대고 자신의 속도에 맞춰 천천히 내려와, 몸을 쓰다듬습니다. 좋아요. 만약 깊은숨을 내쉬고 싶다면 내쉬세요. 자연스럽게 숨을 내뱉으면 됩니다. 몸에 아직 긴장한 부분이 있다면 그곳을 쓰다듬으면서 "긴장아 풀려라, 긴장아 풀려라."라고 말하세요. 좋아요.
모든 사람의 마음속에는 보석이 하나씩 있습니다. 어떤 사람의 보석은 크고, 어떤 사람의 보석은 작지요. 당신 내면의 보석은 어떤 모습인가요? 안경을 벗으세요. 손목시계를 차고 있다면 잠시 옆에 내려놓으세요. 당신이 가장 안심할 수 있는 곳에 놓으면 됩니다. 우리 함께 마음속의 보석을 바라봅시다. 눈을 감고 두 번 심호흡하세요. 좋아요.

당신의 마음속에 있는 보석은 어떤 재질로 되어 있나요? 어떤 모양인가요? 어쩌면 당신이 오랫동안 보석을 보러 가지 않아서 처음에는 보석이 멀리 있을지도 모릅니다. 보석에게 당신 앞으로 와달라고 하거나 마음속으로 보석을 향해 천천히 걸어가세요. 그러면 자신만의 내면의 보석이 천천히 눈앞에 모습을 드러낼 겁니다.

당신의 손으로 그 보석이 어떤 모양인지 느껴보세요. 당신의 손은 실제로 움직입니다. 당신의 명치나 배, 또는 눈앞에서 손으로 보석의 모양을 그려보세요. 당신의 손은 실제로 움직입니다. 좋아요. 네, 맞아요. 어떤 보석은 손안에 잡히지만, 어떤 보석은 너무 커서 두 손으로 받쳐 들어야 하죠. 어떤 보석은 아주 작고 구석에 있어서 자세히 살펴야만 보이고요.

이번에는 오른손 집게손가락으로 보석을 만져보세요. 천천히 만져보세요. 느낌이 어떤가요? 딱딱한가요? 아니면 부드러운가요? 탄력성이 있나요? 각이 져 있나요? 그래요. 천천히 만져보세요. 좋아요. 고개를 기울여서 살펴봐도 좋습니다. 우리는 진심으로 흥미를 갖고 누군가를 바라볼 때 고개를 기울이죠. 보석에서 무슨 소리가 나나요? 집게손가락으로 가볍게 보석을 두드려 보세요. 가볍게 두드려 보세요. 소리가 나나요? "띵"하는 소리가 나나요? 만약 소리가 난다면 어떤 소리인가요? 보석에 색깔이 있나요? 몇 가지 색깔이 있나요? 당신이 다른 각도에서 보았을 때 보석의 색깔도 달라지나요? 보석 안쪽은 색깔이 있나요? 바깥쪽은 색깔이 있나요? 당신의 방식대로 보석에 다가가세요. 가까이 다가가서 보석을 이해하세요.

우리 마음속의 보석은 때로는 맑고 투명하지만, 때로는 먼지에 뒤덮여있다. 심지어 어떤 때는 더러워서 또렷하지 않고 흐릿해 보이기도 한다. 이제 우리는 이 보석을 깨끗이 닦아야 한다! 마음속의 보석은 자칫하면 먼지가 묻어서 원래의 아름다운 색깔이 묻히고 만다. 당신의 마음속에는 따뜻한 물이 흐를 수도 있고, 맑은 물이 흐를 수도 있다. 산꼭대기에서 내려오는 맑고 투명한 계곡물처럼 가벼운 물줄기로 마음속 보석을 닦아도 좋고, 3월의 비처럼 한 방울씩 떨어지는 가랑비로 닦아도 좋다. 아니면 처마를 따라 미끄러져 내려오는 물로 천천히 닦을 수도 있고, 당신이 직접 천을 들어 닦을 수도 있다. 어떤 방법이든 좋다. 지금부터 30초는 온전히 당신만의 시간이다. 당신만의 방법으로 보석을 깨끗이 닦으라. 시작하라. 당신의 손은 실제로 움직인다. 물줄기가 생기게 하라. 깨끗함이 생기게 하라. 투명함이 생기게 하라. 빛이 생기게 하라.

좋아요, 좋아요. 보석을 닦기 시작하면, 당신은 새로운 광경과 보석의 변화를 보게 될 겁니다. 왜냐하면 당신이 보석에게 자양분을 주고 있으니까요. 그것은 당신 자신입니다. 당신은 자신에게 자양분을 공급하고, 자신을 따뜻하게 하며, 자신에게 다가가 자신을 소유합니다. 좋아요. 계속해서 다양한 방법으로 보석을 닦으세요. 어떤 때는 커지고, 어떤 때는 작아질 겁니다. 보석의 색깔이 변할 때도 있고, 심지어 재질이 바뀔 때도 있을 겁니다. 그래도 괜찮아요.

우리는 자신의 내면에 때로는 부드러움으로, 때로는 바람으로, 때로는 호기심으로 다가가야 한다. 어떤 방식이든 좋다. '내면의 보석 닦기'는 주기적으로 자기 자신을 돌보는 방법이다. 기회가 있을 때마다 좋아하는 음악을 틀고, 눈을 감은 채 내면의 보석을 닦으라. 자신을 사랑하는 일은 아무리 해도 모자라다. 자신을 돌보는 일 역시 아무리 해도 모자라다. 기회가 있을 때마다 보석을 닦으라. 젊을 때부터 보석을 닦으면, 늙어서도 다시 젊어질 수 있다.

이렇게 하면, 사는 게 힘들더라도 생명은 여전히 빛날 수 있다. 외부 세계에 먼지가 날리더라도 보석은 여전히 투명하게 빛날 수 있다. 외부의 공기는 다른 사람들이 결정하지만, 보석의 투명도는 당신이 결정하는 것이다.

보석을 다 닦고 나면, 심장이 있는 부위에 손을 얹으세요. 두 손 모두 심장에 놓아도 좋고, 한 손은 심장에, 다른 한 손은 배꼽에 놓아도 좋습니다. 당신이 가장 편안함을 느끼는 곳을 찾아 손을 얹으세요. 마음속으로 당신이 얼마 후에 다시 보석을 찾아올지 생각해 봅니다. 일주일일 수도 있고, 한 달이나 석 달 후일 수도 있지요. 그런다음 보석에게 말합니다.

"사랑하는 보석아, 내가 또 너를 보러 와서 깨끗하게 닦아줄게. 지금 이 순간, 이곳에서 내가 너를 볼 수 있게 해줘서 고마워."

이제 마음속 보석에게 감사하며 손을 내려놓고 이곳으로 돌아옵니다.

한번 시도해 보라. 15분에서 20분 정도의 짧은 시간이면 보석이 맑고 깨끗해질 수 있다. 내면의 은유가 변화하면, 외부 세계를 반영하는 지도도 따라서 변화한다. 어쩌면 우리의 인생도 풍부하고 다채롭게 변화할지도 모른다!